科技部科技创新战略研究专项
"推进农业农村现代化中的科技创新重大问题研究"
（ZLY201748）专题系列报告

农业农村现代化与科技创新重大问题研究

贾敬敦●编著

·北京·

图书在版编目（CIP）数据

农业农村现代化与科技创新重大问题研究 / 贾敬敦编著 —北京：科学技术文献出版社，2019.3
 ISBN 978-7-5189-5240-3

Ⅰ.①农… Ⅱ.①贾… Ⅲ.①农业现代化—研究—中国 ②农村现代化—研究—中国 Ⅳ.① F320.1

中国版本图书馆 CIP 数据核字（2019）第 027934 号

农业农村现代化与科技创新重大问题研究

| 策划编辑：魏宗梅 丁芳宇 责任编辑：刘 亭 宋红梅 王瑞瑞 责任校对：文 浩 责任出版：张志平 |

出 版 者	科学技术文献出版社
地　　址	北京市复兴路15号　邮编 100038
编 务 部	（010）58882938，58882087（传真）
发 行 部	（010）58882868，58882870（传真）
邮 购 部	（010）58882873
官方网址	www.stdp.com.cn
发 行 者	科学技术文献出版社发行　全国各地新华书店经销
印 刷 者	北京时尚印佳彩色印刷有限公司
版　　次	2019 年 3 月第 1 版　2019 年 3 月第 1 次印刷
开　　本	710×1000　1/16
字　　数	100千
印　　张	7.75
书　　号	ISBN 978-7-5189-5240-3
定　　价	38.00元

版权所有　违法必究

购买本社图书，凡字迹不清、缺页、倒页、脱页者，本社发行部负责调换

《农业农村现代化与科技创新重大问题研究》丛书编委会

顾　问　刘　旭

主　编　贾敬敦

副主编　王文月　柏雨岑　张　辉　李宇飞　戴炳业
　　　　　王振忠　魏　珣　王　静

编　委（以姓氏笔画排序）

丁红雷	于　磊	马贤磊	王　梁	王　博	王仕涛
云昭洁	尤海涛	叶世英	兰可可	邢　颖	朱　娅
刘　钦	刘　慧	许云芳	杜岳峰	李　扬	李　旻
李岚春	李敬锁	杨　明	杨忠臣	杨艳萍	肖　松
吴世嘉	吴东立	邱天龙	何　荣	辛德树	张文立
张建胜	张艳新	张蓓蓓	陆　强	陈杭君	武国峰
武明宇	范欲晓	金书秦	周　雷	周月鹏	周向阳
宓灏文	赵西君	姜　玲	袁建霞	钱加荣	唐　玲
梅　燚	盛建新	崔　莹	崔　峰	葛立群	韩　青
谢凤杰	蒲红霞	蔡　剑	蔡路昀		

《农业农村现代化与科技创新重大问题研究》
课 题 组

课题组顾问：
刘　旭　中国工程院

课题负责人：
贾敬敦　中国农村技术开发中心

课题执行负责人：
王文月　中国农村技术开发中心
柏雨岑　中国农村技术开发中心

课题组成员：（以姓氏笔画排序）
于　磊　河北农业大学
王　博　中粮营养健康研究院有限公司
王　静　中国农村技术开发中心
王仕涛　科技日报社
王振忠　中国农村技术开发中心
叶世英　华中农业大学
邢　颖　中国科学院科技战略咨询研究院
朱　娅　南京农业大学
刘　慧　中国农业科学院农业经济与发展研究所
李宇飞　中国农村技术开发中心

李敬锁　青岛农业大学
吴东立　沈阳农业大学
邱天龙　中国科学院海洋研究所
张　辉　中国农村技术开发中心
陈杭君　浙江省农业科学院
金书秦　农业农村部农村经济研究中心
袁建霞　中国科学院科技战略咨询研究院
葛立群　辽宁省农业科学院
韩　青　中国农业大学
戴炳业　中国农村技术开发中心
魏　珣　中国农村技术开发中心

序 PREFACE

　　中国是世界农业的发源地之一,创造了辉煌灿烂的农耕文明。中华人民共和国成立以来,中国农业农村现代化建设经历了艰辛而曲折的探索和发展,既取得了举世瞩目的巨大成就,也面临新形势下一些亟待解决的矛盾和问题。党的十九大报告明确指出要坚定不移贯彻新发展理念,推动新型工业化、信息化、城镇化、农业现代化同步发展。目前,中国农业农村发展不平衡不充分的问题已成为建设现代化国家的短板,没有农业农村的现代化,就没有国家的现代化。农业农村现代化是决胜全面建成小康社会,完成"三步走"战略,实现中华民族伟大复兴的中国梦的重中之重。习近平总书记多次强调发展是第一要务,人才是第一资源,创新是第一动力。科技创新是一切创新的源头之水和关键核心,是乡村振兴和农业农村现代化的重要战略支撑。但科技支撑不足,创新能力不强是制约中国农业农村发展的主要瓶颈。大力实施创新驱动发展战略,为乡村振兴插上科技的翅膀、装上创新的引擎,是实现农业农村现代化的中国智慧和中国方案。

　　科技部中国农村技术开发中心会同国内20余家高校、科研院所和创新企业等涉农相关专家学者,对中国农业农村现代化及科技创新现状进行系统梳理,在总结发达国家农业农村现代化进程理论并充分考虑中国农业发展特征与规律基础上,提出了解决农业农村现代化科技创新重大问题基本方略、任务、目标、指导思想和评价指标体系。该战略研究有以下几点令我印象深刻:一是分

农业农村现代化与科技创新重大问题研究

析梳理了中国农业农村现代化建设历程与时代特征，深刻剖析了中国农业发展过程中的机遇与挑战，通过研究明晰了创新驱动发展战略是加快推进农业农村现代化的根本举措和关键所在。二是系统总结分析了世界主要国家农业农村现代化的经验，以科技创新、体制机制创新推动农业农村现代化是典型国家的共性启示。三是首次构建了基于新发展理念的农业农村现代化评价指标体系和数理分析模型，并提出了评价标准，为定量分析农业农村现代化发展程度提供了理论支撑。四是清晰指明了适用于中国国情的农业农村现代化的总体方略与路径选择。

本书站在国家重大战略需求高度，对新时代中国农业农村现代化与科技创新重大问题进行系统分析，提出了许多新观点、新思路，具有前瞻性和开拓性，可为新时代以科技创新推动农业农村现代化提供理论支撑和决策参考。衷心希望本书的出版能为涉农相关的管理、科研、产业人员及相关人士提供借鉴与参考。

刘 旭
中国工程院院士

前言
FOREWORD

新时代下，农业农村现代化孕育新内涵。党的十九大报告指出，中国特色社会主义进入新时代，这一重大论断，承前启后，继往开来。一方面，改革开放40年来，中国经济社会发展取得了举世瞩目的成就，农业农村现代化稳步推进，粮食生产能力达到6000亿千克，城镇化率年均提高1.2个百分点，8000多万农业转移人口成为城镇居民。另一方面，中国社会主要矛盾已经转化为人民日益增长的美好生活需要和不平衡不充分的发展之间的矛盾，农业农村发展的内外部环境和内在动因发生深刻变化，进入一个"结构升级、方式转变、动力转换"的新时期，农业主要矛盾已经由总量不足转变为结构性矛盾，主要表现为阶段性的供过于求和供给不足并存。农业基础竞争力不强，比较优势逐步丧失，是当前农业发展的最大挑战。推进农业供给侧结构性改革，加快培育农业农村发展新动能，提高农业综合效益和竞争力，成为当前和今后一个时期中国农业政策改革和完善的主要方向。

科技创新是农业农村现代化的必由之路。目前，中国经济社会发展进入新常态，传统发展动力不断减弱，粗放型增长方式难以为继，必须依靠创新驱动打造发展新引擎，培育新的经济增长点，持续提升中国经济发展的质量和效益，开辟中国发展的新空间，跨越"中等收入陷阱"。创新是发展的第一动力，创新驱动是国家命运所系，也是中国农业农村现代的必由之路。科技创新是创新驱动战略的核心所在，是现代化经济体系的战略支撑。必须真正用好科学技

农业农村现代化与科技创新重大问题研究

术这个最高意义上的先进生产力和有力杠杆，走科技兴农之路，将科技创新与制度创新、管理创新、商业模式创新、业态创新和文化创新相结合，推动农业发展方式向依靠持续的知识积累、技术进步和劳动力素质提升转变，促进农村经济向形态更高级、分工更精细、结构更合理的阶段演进。

为了对中国农业农村现代化及科技创新现状进行系统梳理，总结分析发展过程中取得的成就和存在的问题，研究提出解决农业农村现代化科技创新重大问题，促进科技创新在中国农业产业变革和农村快速发展中的引领作用，在科技部科技创新战略研究专项"推进农业农村现代化中的科技创新重大问题研究（ZLY201748）"项目的资助下，自2017年年底起，由科技部中国农村技术开发中心牵头，组织国内来自中国科学院、中国农业科学院、中国社会科学院、科技日报社、国家粮食和物资储备局、中央财经大学、中国农业大学、南京农业大学、江南大学、山东农业大学、大连海洋大学、沈阳农业大学、河北农业大学、辽宁省农业科学院、浙江省农业科学院、江苏省农业科学院、华北电力大学、湖北省科技信息研究院、中粮营养健康研究院有限公司、中国种子集团有限公司等20余家高校、科研院所和创新企业等涉农相关政策研究、经济管理、食品加工、机械智造、清洁能源等相关领域高校、研究院所、基层科技管理部门代表组成研究团队，围绕典型国家农业农村现代化理论与实践、中国农业农村现代化探索与实践、农业农村现代化科技创新实证研究、农业农村现代化与产业科技创新等主题开展了多个专题研究。

经过历时一年多的研究工作，通过综合运用文献资料法、实地调查法、案例研究法、模型分析法等方法，系统地收集整理了相关数据和案例。首先，对中国农业农村现代化建设的发展历程进行回顾梳理，总结分析发展过程中取得的成就和存在的问题，客观来讲，传统上以数量为导向的农业发展模式，劳动生产率、土地利用率和资源利用率较低，对中国农业农村农民的可持续健康发展带来了诸多挑战。其次，对美国、法国、荷兰、以色列等发达国家农业农村现代化进程与理论进行了认真分析，并面向未来全新视角对发达国家的经验启示、体制机制进行了系统阐述，特别是深刻剖析了科技创新在其中发挥的重要作用。最后，在上述分析总结的基础上，研究提出科技创新是国内

前 言

外农业农村现代化的共性经验和必由之路，聚焦中国农业农村发展，对制约科技创新短板深入分析诊断。在充分考虑中国农业发展特征与规律的前提下，提出了解决农业农村现代化科技创新重大问题基本方略、任务、目标、指导思想和评价指标体系。

中国工程院原副院长刘旭院士欣然作序，在此表示衷心感谢！

由于编写时间紧、篇幅长，加上编者经验和水平有限，报告中难免有疏漏和不妥之处，敬请同行专家和广大读者批评指正。

《农业农村现代化与科技创新重大问题研究》课题组
2019 年 1 月

目 录
CONTENTS

第一章 引 言 ·· 1

一、新时代新坐标与研究背景 ·· 2

1. 落实国家重大战略决策部署，推进新时代农业农村农民
一体化发展 ··· 2
2. 推进农业农村现代化，根本在于坚定不移实施创新驱动发展战略 ······ 2
3. 新时代农业农村现代化具备坚实的物质基础，科技创新引领
支撑作用显著 ·· 3
4. 世界科技革命和产业变革进入新周期，农业科技发展呈现
新趋势 ··· 4

二、研究路径与新视角 ··· 4

第二章 中国农业农村现代化伟大实践 ································· 6

一、农业农村现代化建设取得举世瞩目成就 ······························ 6

1. 把中国人的饭碗牢牢端在自己手中，粮食安全保障能力迈上
新台阶 ··· 6
2. 产业结构不断优化，农业供给侧结构性改革开创新局面 ··········· 8
3. 农业机械化智能化程度不断提高，农业农村发展方式实现
新转变 ··· 10

  4. 资源环境问题日益得到重视，农业绿色发展获得新成效 ……… 12

  5. 激发现代化建设内生活力，农村改革与基础物质条件保障展开
    新布局 …………………………………………………………… 13

  6. 农村自身造血能力不断提升，农民收入实现持续性快速增长 …… 14

二、农业农村现代化建设机遇挑战并存 ……………………………… 15

  1. 农业生产成本持续上升、国内外农产品价格倒挂，农业产业竞争
    优势急需提升 …………………………………………………… 15

  2. 农业科技进步贡献率与发达国家差距较大，科技创新亟待持续
    发力 ……………………………………………………………… 16

  3. 农业劳动生产率、土地产出率和资源利用率水平仍然落后，
    农业农村管理体制机制亟须突破 ………………………………… 16

  4. 农业农村人居环境恶化、农民健康生活受到影响，农业农村
    绿色本色亟待凸显 ………………………………………………… 17

  5. 城乡融合发展格局尚未建立，乡村治理能力有待加强 ………… 18

第三章　科技创新支撑引领农业农村现代化作用日益突显 ……… 20

一、农业科技投入强度逐渐提高，农业农村科技水平大幅提升 ……… 20

  1. 农业科研机构数量不断增加，科研人员素质显著改善 ………… 20

  2. 农业科技供给增强，科技贡献率不断提高 …………………… 20

二、农业科技创新政策力度不断加大，农业创新创业生态持续优化 …… 21

  1. 中央一号文件持续关注"三农"问题，农业科技创新政策
    不断完善 ………………………………………………………… 21

  2. 国家制定农业科技发展战略规划，指导促进农业科技全面
    综合发展 ………………………………………………………… 22

三、国家科技计划农业领域重点部署，农业科技创新成果竞相涌现 …… 23

  1. 国家科技计划农业领域布局优化，支持范围不断扩大 ………… 23

2. 农业科技创新成果竞相涌现 ……………………………………… 24

四、优化农业科技创新体系，农业整体创新效能有所提升 …………… 25
　　1. 农业科技创新体系建设持续推进 ……………………………… 25
　　2. 农业农村科技创新效能不断提高 ……………………………… 26

五、农业创新创业平台系统布局，催生农业与区域发展新动能 ……… 26
　　1. 系统布局国家级农业创新创业载体，推动农业高新技术
　　　 产业发展 ………………………………………………………… 26
　　2. 布局地方农业创新创业载体，带动区域经济发展 …………… 27

第四章　典型国家农业农村现代化理论与实践 …………………… 28

一、典型国家农业农村现代化理论综述 ………………………………… 28
　　1. 农业农村现代化内涵的界定 …………………………………… 28
　　2. 世界农业农村现代化典型理论 ………………………………… 29
　　3. 世界农业农村现代化的两大阶段和六次浪潮 ………………… 32

二、典型国家农业农村现代化实践历程 ………………………………… 34
　　1. 美国、澳大利亚依托制度保障改造传统农业 ………………… 34
　　2. 英国、法国工业化发展加速农业现代化 ……………………… 35
　　3. 韩国、日本以高效益投入发展现代农业 ……………………… 37
　　4. 以色列、荷兰以高新技术为引领开创现代农业 ……………… 39

第五章　典型国家科技创新推动农业农村现代化的做法与经验启示 … 42

一、典型国家农业农村现代化发展特色 ………………………………… 42
　　1. 以提升劳动生产率为核心 ……………………………………… 42
　　2. 以促进产业融合、提高农产品价值链为核心 ………………… 43
　　3. 以提高土地产出率为核心 ……………………………………… 44
　　4. 以突破资源瓶颈为核心 ………………………………………… 46

二、典型国家农业农村现代化发展共性经验借鉴 …………………… 46
1. 注重战略谋划，分类施策，为农业农村现代化提供法律与政策保障 …………………………………………………………… 46
2. 建设高效农业科技创新体系，为农业农村现代化提供坚实的创新能力支撑 ……………………………………………………… 47
3. 强化农业基础和前沿技术研究，为农业农村现代化提供强大的引领作用 …………………………………………………………… 48
4. 搭建农业产业科技创新平台，加快成果转化与产业化，为农业农村现代化不断注入新动能 …………………………………… 49
5. 构建农业人才培育体系，为农业农村现代化提供充足的人才保障 …………………………………………………………… 49
6. 健全农业科技社会化服务体系，为农业农村现代化提供服务保障 …………………………………………………………… 50

第六章 面向新时代的农业农村现代化评价指标体系与模型 ………… 52
一、评价方法和模型 …………………………………………………… 52
1. 评价方法 ……………………………………………………… 52
2. 评价模型 ……………………………………………………… 53
3. 指标的标准化方法 …………………………………………… 54

二、评价指标选取原则与遴选 ………………………………………… 54
1. 评价指标来源 ………………………………………………… 54
2. 评价指标选取原则 …………………………………………… 54
3. 评价指标遴选 ………………………………………………… 55

三、农业农村现代化评价指标体系 …………………………………… 57
1. 指标体系 ……………………………………………………… 57
2. 县域农业农村现代化评价模型 ……………………………… 58

3. 评价指标赋权 ·· 59

第七章　农业农村现代化科技创新趋势与重点任务 ·············· 62
一、前沿领域与主要趋势 ·· 62
　　1. 现代种业与分子设计育种 ······································ 62
　　2. 全生命周期精准营养与食品智造 ······························ 64
　　3. 智能农业装备制造 ··· 65
　　4. 绿色农业高新技术 ··· 67
二、创新布局与重点任务 ·· 68
　　1. 农业高新技术产业创新工程 ···································· 68
　　2. 农业新业态培育创新工程 ······································ 69
　　3. 绿色生态兴农创新工程 ·· 71
　　4. 智慧农业创新工程 ··· 74
　　5. 农业创新人才培养创新工程 ···································· 75
　　6. 农业区域协同发展创新工程 ···································· 78

第八章　创新驱动农业农村现代化的总体方略 ·················· 81
一、指导思想 ··· 81
二、推进"三大融合"，构建创新驱动农业农村农民一体化发展格局 ····· 82
　　1. 加快农村一二三产业融合，推进全产业链协同发展 ············· 82
　　2. 推进产城产镇产村融合，促进城乡一体化发展 ················· 82
　　3. 推进传统农业向现代农业转变，突出产业发展与农户融合 ······ 83
三、坚持科技创新与体制机制创新"双轮驱动"，实现政府、市场、
　　社会协调发力 ··· 84
　　1. 构建现代农业科技创新体系 ···································· 84
　　2. 实施农业创新人才战略 ·· 85

3. 完善农业科技投入强度、结构与融资机制 …………………… 86
4. 优化农业农村科技创新部署 …………………………………… 87
5. 发挥市场在资源配置中的决定性作用和更好地发挥政府作用 …… 89

参考文献 ……………………………………………………………… 91

第一章 引 言

中华人民共和国成立初期,中国明确了工业现代化、农业现代化、国防现代化、科学技术现代化"四个现代化"任务,1959年,毛泽东指明"农业的根本出路在于机械化"。在1961年中央工作会议上,周恩来明确提出"有步骤地实现农业机械化、水利化、化肥化、电气化",加深了对农业现代化内涵的认识。改革开放之初转向"建设小康社会",继而在党的十七大提出工业化与信息化"两化融合",到"在工业化、城镇化深入发展中同步推进农业现代化"三化同步,党的十八大明确指出了促进工业化、信息化、城镇化、农业现代化同步发展的"四化同步"的部署,习近平总书记在党的十九大报告中强调要"推动新型工业化、信息化、城镇化、农业现代化同步发展"。这一政策演变的历史过程,记载着中国特色社会主义现代化建设的客观规律,浓缩着理论到实践的成果结晶。改革开放以来,中国工业化、信息化、城镇化及农业现代化进程不断推进,但推进步伐不一,导致发展不平衡、不协调、不可持续的问题突出,尤其是工农关系、城乡关系失调现象明显,城乡二元结构严重制约中国经济与社会发展。目前,中国已经步入工业化后期阶段、城镇化中期阶段的中间点、信息化快速发展阶段、农业现代化的关键阶段。农业现代化具有鲜明的时代特征,其在不同的发展阶段和历史时期肩负着不同的发展任务、目标和要求,内涵和特征也存在较大差异。关键阶段应拿出关键举措,中国特色社会主义进入新时代,推进新时期农业农村现代化的使命要求、路径选择与创新举措成了现阶段的重大历史任务和重要战略命题。

农业农村现代化与科技创新重大问题研究

一、新时代新坐标与研究背景

1. 落实国家重大战略决策部署，推进新时代农业农村农民一体化发展

党的十九大成功召开，开启了全面建设社会主义现代化国家的新征程，明确了到2035年基本实现社会主义现代化，到2050年建成富强民主文明和谐美丽的社会主义现代化强国的目标要求。当前，农业农村农民是中国经济社会发展的制约因素，农业是现代化建设的短腿，农村是全面建成小康社会的短板，中国人民日益增长的美好生活需要和不平衡不充分的发展之间的矛盾在乡村最为突出。党的十九大首次部署实施乡村振兴战略，首次将农业现代化与农村现代化同步推进，在乡村深化落实"五位一体"总体布局。实施乡村振兴战略是决胜全面建成小康社会、全面建设社会主义现代化国家的重大历史任务。2018年9月，中共中央政治局第八次集体学习时，习近平总书记指出了实施乡村振兴战略的科学内涵，明确了推进农业农村现代化的思路、方向和着力点。习近平总书记指出："农业农村现代化是实施乡村振兴战略的总目标，坚持农业农村优先发展是总方针，产业兴旺、生态宜居、乡风文明、治理有效、生活富裕是总要求，建立健全城乡融合发展体制机制和政策体系是制度保障"。这为我们牢牢把握农业农村现代化这个总目标，准确理解农业农村现代化的时代要求，提供了根本遵循和行动指南。

2. 推进农业农村现代化，根本在于坚定不移实施创新驱动发展战略

借鉴世界发达国家推进农业农村现代化经验，充分证实了科技创新是推进农业农村现代化的根本动力。习近平总书记强调，农业出路在现代化，农业现代化关键在科技进步。在先进制造技术、信息技术、生物技术等现代科技推动下，农业生产效率得到了显著提升，农业产业模式不断转型升级。目前，中国经济社会发展进入新常态，传统发展动力不断减弱，粗放型增长方式难以为继。因而，要加快实现农业农村现代化，补齐中国农业发展短板，根本在于实施创新驱动发展战略。必须依靠创新驱动打造发展新引擎，培育新的经济增长

第一章 引言

点，持续提升中国经济发展的质量和效益，开辟中国发展的新空间，跨越"中等收入陷阱"。深刻理解"创新驱动是国策""发展是第一要务、人才是第一资源，创新是第一动力"的科学内涵和"把科技发展主动权牢牢掌握在自己手里"的重大意义。创新驱动是国家命运所系，也是中国农业农村现代化的必由之路。科技创新是创新驱动战略的核心所在，是现代化经济体系的战略支撑。农业农村现代化发展必须依靠科技创新，将科技创新与制度创新、管理创新、商业模式创新、业态创新和文化创新相结合，推动农业发展方式向依靠持续的知识积累、技术进步和劳动力素质提升转变，促进农村经济向形态更高级、分工更精细、结构更合理的阶段演进。坚持质量兴农、绿色兴农，推进农村一二三产业融合，建设美丽宜居乡村。加大现代科学技术普及与应用，使广大农民掌握科学知识、应用科学技术、受益于科技进步，培育新型职业农民，走中国特色创新驱动农业农村发展道路。

3. 新时代农业农村现代化具备坚实的物质基础，科技创新引领支撑作用显著

在中国历史发展的长河中，古代取得了农耕文明的辉煌，有着悠久农耕历史和灿烂农耕文化。中华人民共和国成立以来，特别是改革开放以来，中国经济建设取得举世瞩目的巨大成就，农业农村发展的贡献有目共睹，为保障国家粮食安全、推动农业结构调整、实现农业农村经济又好又快发展做出了重要贡献，尤其是科技支撑能力显著提升，成功解决了粮食和农产品生产供应长期短缺问题，实现了供需基本平衡，全国农村总体上迈向小康。党的十八大以来，以习近平同志为核心的党中央坚持把解决好"三农"问题作为全党工作重中之重，坚持农业农村优先发展，把创新摆在国家发展全局的核心位置，农业农村科学技术支撑能力不断飞跃，覆盖农业科学相关基础研究、应用基础研究与技术创新及应用示范的全面布局与重大创新，农业科技创新体系支撑保障作用发挥了重要作用，有力地支撑了城市化、工业化发展。目前，中国农业农村科技快速发展，自主创新能力显著增强，进入领跑、并跑、跟跑"三跑并存"新阶段。

4. 世界科技革命和产业变革进入新周期，农业科技发展呈现新趋势

当前，全球新一轮科技革命、产业变革和军事变革加速演进，科学探索从微观到宇观各个尺度上向纵深拓展，基础研究孕育着重大突破，产业创新发展不断提出新的科学问题，多学科跨领域交叉融合态势更加明显，基础研究、应用基础研究和技术创新相互带动作用不断增强。信息技术、生物技术、制造技术、新材料技术、新能源技术等广泛渗透到农业农村各领域，带动了以智能、绿色、泛在为特征的群体性重大技术革命，农业前沿技术进入快速发展期。2018年以来，中美贸易摩擦不断升级，农产品贸易成为焦点问题，贸易战与科技战不断交织，提升中国农业自主科技创新能力是带来的重大机遇与挑战。中国经济已由高速增长阶段转向高质量发展阶段，科技创新是现代化经济体系重要战略支撑。基于全球新一轮产业科技变革、国际格局变化、中国经济发展方式转变的分析，充分证明中国农业发展面临着提升的新机遇，要抓住这一重大发展契机，完善农业科技创新布局，提升创新成果的数量和质量，推动中国农业产业变革和农村快速发展，努力抢占全球农业科技竞争制高点。

二、研究路径与新视角

本研究由科技部中国农村技术开发中心牵头，组织国内来自中国科学院、中国农业科学院、中国社会科学院、中央财经大学、中国农业大学、南京农业大学、江南大学、辽宁省农业科学院、浙江省农业科学院、华北电力大学、中粮营养健康研究院有限公司等20余家高校、科研院所和创新企业等涉农相关政策研究、经济管理、食品加工、机械智造、清洁能源等相关领域高校、研究院所、基层科技管理部门代表组成研究团队，综合运用了文献资料法、实地调查法、案例研究法、模型分析法等方法，首先，对中国农业农村现代化建设的发展历程进行回顾梳理，总结分析发展过程中取得的成就和存在的问题，客观来讲，传统上以数量为导向的农业发展模式，劳动生产率、土地利用率和资源利用率较低，对中国农业农村农民的可持续健康发展带来了诸多挑战。其次，对

第一章 引言

美国、德国、法国、荷兰、以色列等发达国家农业农村现代化进程与理论进行了认真分析，并面向未来全新视角对发达国家的经验启示、体制机制进行了系统阐述，特别是深刻剖析了科技创新在其中发挥的重要作用。最后，在上述分析总结的基础上，研究提出科技创新是国内外农业农村现代化的共性经验和必由之路，聚焦中国农业农村发展，对制约科技创新短板深入分析诊断。在充分考虑中国农业发展特征与规律的前提下，提出了解决农业农村现代科技创新重大问题基本方略、任务、目标、指导思想和评价指标体系。

本研究的创新之处在于，一是分析梳理了中国农业农村现代化建设历程与时代特征，深刻剖析了中国农业发展过程中的机遇与挑战，通过研究明晰了创新驱动发展战略是加快推进农业农村现代化的根本举措和关键所在。二是系统总结分析了世界主要国家农业农村现代化的经验，以科技创新、体制机制创新推动农业农村现代化是典型国家的共性启示。三是首次构建了农业农村现代化评价指标体系和数理分析模型，并提出了评价标准，为定量分析农业农村现代化发展程度提供了理论支撑。四是清晰指明了适用于中国国情的农业农村现代化的总体方略与路径选择。

第二章　中国农业农村现代化伟大实践

中华人民共和国成立以来，中国农业发展和农村建设发生了一系列深刻变化，特别是改革开放至今，取得了显著成就。作物产量逐年攀升，农业生产科技贡献率不断提高，农业机械化、国际化、可持续化均取得长足进步，为中国进一步深化改革扩大开放和建设社会主义强国打下了坚实基础。

一、农业农村现代化建设取得举世瞩目成就

1. 把中国人的饭碗牢牢端在自己手中，粮食安全保障能力迈上新台阶

一是粮食产量稳步增产。粮食产量由1978年的30 476.5万吨增加至2016年的61 625.0万吨，增长了102.2%，人均粮食占有量达到447千克，增长40.1%（图2-1）；粮食亩产由1978年的168.5千克提高到2016年的363.5千克，增长115.7%（图2-2）。自2013年首次突破6亿吨大关之后，已连续5年稳定在这个台阶，实现粮食生产可持续增长。5年来，全国不仅粮食连年丰收，其他重要农产品也供应充足。肉蛋菜果鱼等产量稳居世界第一，人均占有量均超过世界平均水平。农业稳定发展，丰富了城乡居民的"米袋子""菜篮子""果盘子""奶瓶子"，也为经济社会稳定发展提供了坚实基础。

二是粮食生产结构趋于合理。2016年稻谷和小麦产量分别为20 707.5万吨和12 884.5万吨，较1978年增长了51.2%和1.39倍，因旱灾的影响较2015年减少了0.55%和1.03%，玉米产量为21 955.2万吨，较1978年增长了2.92倍，较2015年减少了2.26%。不同粮食品种产量的变化，总体上符合社会预期，以满足口粮消费为主的稻谷和小麦增产，特别是小麦增产，有助于稳定口粮供求

关系、保障国内产需平衡和实现口粮绝对安全，而玉米的适度减产，受国家政策驱使，对于恢复粮食供求关系的平衡和玉米去库存具有积极意义。

图 2-1　中国粮食产量和人均粮食产量

数据来源：《中国统计年鉴 2017》。

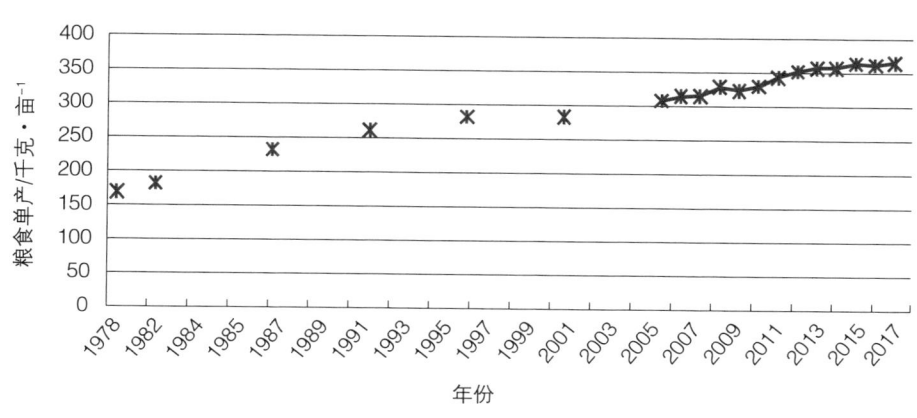

图 2-2　中国粮食单产

数据来源：《中国统计年鉴 2017》。

三是粮食生产科技水平显著提高。农业科技进步贡献率由 2012 年的 53.5% 提高到 2017 年的 57.5%，农业劳动生产率达到 4.2 万元 / 人，主要农作物耕种收综合机械化水平超过 66%，农田有效灌溉面积占比超过 52%，农业物质装备技术水平显著提升。自主选育品种占种子市场总体份额达到 95%。主要农作物中，水稻、小麦、大豆都是自主选育品种，玉米自主选育品种份额达到 90%，较 2011 年上升 5 个百分点。

2. 产业结构不断优化，农业供给侧结构性改革开创新局面

一是农业产业国际地位不断提升。中国是世界上农业资源总量大但人均少的国家，一直以来都是农产品生产大国，近年来随着积极的不断发展和产业结构的持续升级，国际地位不断提升，具体表现在全球出口额占比不断提高，中国主要农产品世界占有率情况如表 2-1 和图 2-3 所示，2001—2016 年贸易额由 279.4 亿美元增加到 1848.9 亿美元，增长 5.6 倍，年均增速 13.4%，同期出口额由 160.9 亿美元增加到 733.1 亿美元，增长 3.6 倍，年均增速 10.6%；出口产品结构逐渐优化，近年来，包括鳕鱼、柑橘、葡萄、葡萄酒、扇贝、梨、比目鱼等中国农产品出口额增速要明显高于出口量增速，进一步说明中国的农产品出口附加值逐步提升，优质、高端、精品农产品明显更具有国际市场竞争力。

表 2-1 中国主要农产品 2016 年世界占有率情况

主要农产品	中国产量/万吨	世界产量/万吨	产量比重/%	产量排名	中国出口量/万吨	世界贸易量/万吨	出口比重/%	出口排名	备注
玉米	21 955.4	107 533.3	20.42	2	8	16 379.5	0.05	23	产量仅次于美国
稻米	14 485	48 712.5	29.74	1	80.5	4462.1	1.80	9	
小麦	12 885	75 414.8	17.09	2	74.8	18 247.5	0.41	12	产量仅次于欧盟
猪肉	5299	10 996.9	48.19	1	19.1	832	2.30	5	

第二章　中国农业农村现代化伟大实践

续表

主要农产品	中国产量/万吨	世界产量/万吨	产量比重/%	产量排名	中国出口量/万吨	世界贸易量/万吨	出口比重/%	出口排名	备注
苹果	4350	7716.5	56.37	1	137	655.6	20.90	2	出口仅次于欧盟
大豆	1559	5389.7	28.93	1	11.5	1143.2	1.01	11	
牛肉	700	6044.3	11.58	4	2.3	942.2	0.24	17	
高粱	380	6304.1	6.03	6	3.5	764.4	0.46	8	
棉花	495.3	2321.1	21.34	2	1.3	814.2	0.16	34	产量仅次于美国

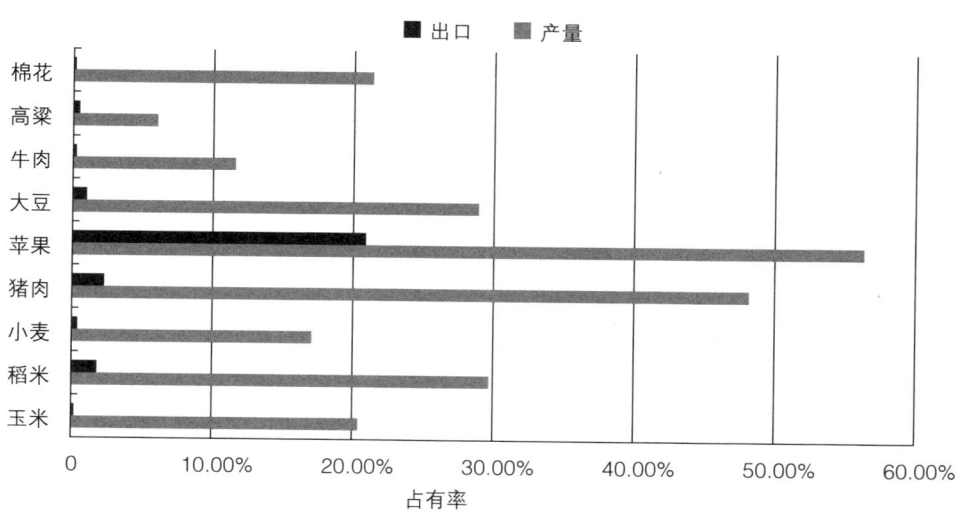

图 2-3　中国主要农产品 2016 年世界占有率情况

数据来源：美国农业部网站 https://apps.fas.usda.gov。

二是农业产业规模不断趋向适度经营。截至 2016 年年底，全国共有各类家庭农场 87.7 万家，其中经农业部门认定的为 41.4 万户，户均种植业家庭农场经

- 9 -

营耕地 170 亩①左右。这些新型农业经营主体的出现和发展既有利于与广大农户连接，在生产要素和资源利用方面形成规模经济效益，又与流通商或消费者连接，充当着农产品供需市场的桥梁，涵盖了农业生产的产前、产中和产后全程各阶段，连接了农业经营的收购、营销、储运各环节，具有关键枢纽的作用，有力地助推了土地流转型、服务带动型等多种形式的适度规模经营稳步发展，促进多种形式适度规模经营面积占比超过 30%。

三是农村一二三产业融合得到显著加强。以农业产业化龙头企业、农民专业合作社、家庭农场和种养大户等为代表的新型农业经营主体逐步壮大，总量达到 280 万个，逐步成为农村产业融合的"领头羊"。截至 2016 年年底，中国农业产业化组织达 41.7 万个，比 2015 年年底增长 8.01%。其中，农业产业化龙头企业达 13.03 万个，同比增长了 1.27%。农业产业化龙头企业年销售收入约为 9.73 万亿元，增长了 5.91%，与规模以上工业企业主营业务收入增速相比高出 1 个百分点。农产品生产、加工、销售、流转等跨产业界限融合发展呈现蓬勃态势。此外 2012—2017 年代表农业农村一二三产业深度融合的中国休闲农业与乡村旅游营业收入增长十分迅速。其中，2013 年、2015 年、2016 年中国乡村旅游游客营业收入都达到 30% 以上，2017 年全国乡村旅游收入达到了 7400 亿元。

3. 农业机械化智能化程度不断提高，农业农村发展方式实现新转变

一是农机总动力大幅提升。1978 年中国农业机械总动力为 11 749.9 万千瓦，2016 年增加到 97 245.6 万千瓦，增长 7.3 倍，中国历年农业机械总动力如图 2-4 所示。2016 年主要农作物耕种收综合机械化水平达到 63.8%，三大粮食作物中小麦达到 93.7%，水稻达到 78.1%，玉米达到 81.2%。大中型拖拉机、小型拖拉机和农用排灌柴油机分别达到 645.35 万台、1671.61 万台和 940.77 万台。农业机械化的普及，促使产业由最初简单的种植业生产向农产品加工业、副业、

---

① 1 亩 ≈ 666.67 平方米。

养殖水产业等产业延伸、衍生和融合。农机总动力的大幅提升，提高了劳动效率，促进了农产品产量的增长，而且农业机械保有量的增加，使采用农业机械化作业的领域从粮食生产向各种经济作物生产延伸，耕作模式也从简单粗放的大田农业向设施农业转变，从仅关注生产过程，向更重视对产前 + 产后的链条产业发展着眼。小麦、大豆、水稻等传统粮食作物的生产均实现了高水平的机械化，尤以小麦生产情况最佳，大体上实现了全程机械化（播种、收获机械化水平各自占比为74%与72.8%）。

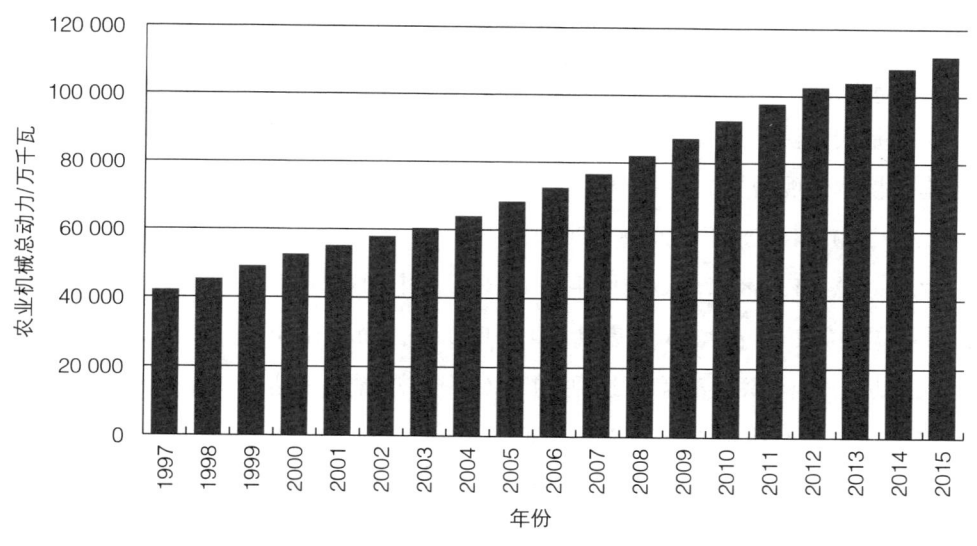

图2-4 中国历年农业机械总动力

二是农业机械产品日益智能化。人工智能技术在农业领域的广泛应用，推动现代化无人驾驶拖拉机也迅速发展起来，成为现代智能农业生态体系的重要组成部分，对现代农业建设提供了巨大支持。2016年中国国际农业机械展览会新机具作业演示活动中，中国发布首台真正意义上的无人驾驶拖拉机引发行业轰动。未来，随着无人驾驶拖拉机的应用成熟，将推动中国农业发展迈入新的发展阶段，同时也将加速中国农业机械的智能化应用，开拓更为广阔的市场，产品体现出愈发广大的附加值空间和多样性发展。

三是农业机械化愈加市场化和社会化。中国原有的农户作业模式较为封闭，每户家庭的种植规模都比较小，因此很少专门购买农业机械用于自家生产。而由于20世纪90年代跨区域小麦收割的进行使联合收割机在每年的使用时间从7~10天延长至一个月以上，联合收割机的运用既提升了小麦收割效率，又增加了自己的应用率，从而促进了机械收割的发展，并使农业机械整体应用的经济效益由此展现。另外，随着现役联合收割机的数量大幅上升，其他农业产业作业模式也在逐步向集中的机械化生产迈进。各地农业机械作业协会、合作社和作业公司相继出现并迅速发展。

4. 资源环境问题日益得到重视，农业绿色发展获得新成效

一是大力治沙造林改善农业发展基础生态环境。2004—2016年中国的森林覆盖率整体呈现增加的趋势，其中2004—2007年中国的森林覆盖率一直保持在18.2%，2007—2008年，2008—2009年，中国森林覆盖率连续增加，增长率分别为12.09%和5.88%，从2009年到2016年，中国森林覆盖率稳定在21.6%（图2-5）。自2012年至2016年累计造林3000万公顷，1.08亿公顷的天然林得到有效管护，全国森林覆盖率达到21.66%，森林蓄积量达到151亿立方米。草原综合植被盖度达到54%，累计治理水土流失面积26.55万平方千米，全国沙化土地面积年均减少1980平方千米，石漠化面积年均减少16万公顷，近一半湿地得到保护。2000—2016年平均沙尘天气过程次数较常年平均偏少1.1次。塞罕坝林场获得"地球卫士奖"，库布齐沙漠化治理获得"未来政策奖"。

二是显著提升农业生产要素效率降低农业资源利用强度。中国农业用水总量，从2004年的3585.7亿立方米增加到2016年的3768亿立方米，增长率不到5%，中国农业用水总量整体保持在一定的水平，增长量并不是很明显。且2014—2016年，农业用水总量一直呈现逐年下降的趋势，通过完善斗、农渠工程，老灌区总用水量减少约1/4，缓解了农业用水紧缺矛盾。2016年全国农药施用量保持零增长，化肥使用量接近零增长，粮菜果茶等绿色防控技术应用面积超过5亿亩，耕地轮作休耕制度试点扩大1200万亩，退耕还草372万亩。

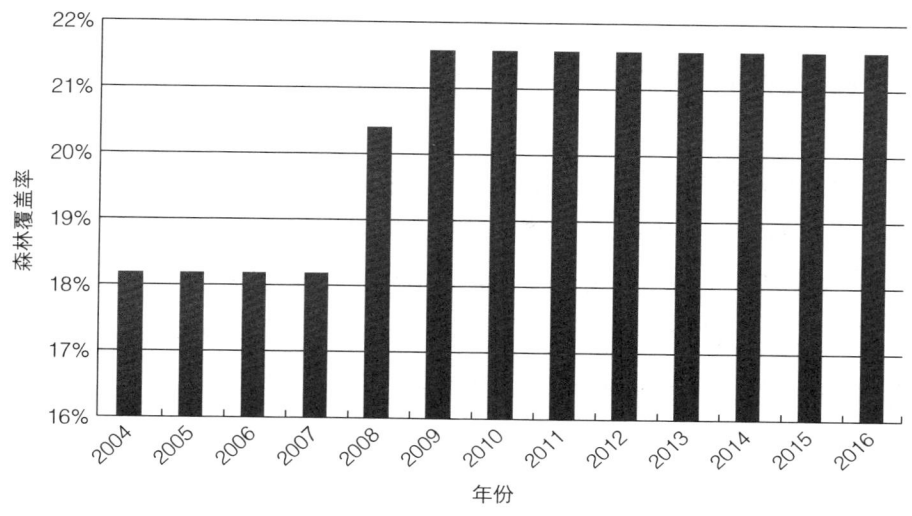

图 2-5 中国森林覆盖率年度变化

数据来源：中华人民共和国国家统计局，http://data.stats.gov.cn/easyquery.htm?cn=C01&zb=A0C08&sj=2016。

5. 激发现代化建设内生活力，农村改革与基础物质条件保障展开新布局

一是加强农业农村基础设施建设，改善农业生产及农民生活环境。2003—2016年中国农业农村固定资产投资自90.34亿元增长到8376.41亿元，农村基础设施、基本公共服务和农民生活条件明显改善。截至2016年年末，32.3%的村有幼儿园、托儿所，96.8%的乡镇有图书馆、文化站，81.9%的村有卫生室。农村实现村村通电话、乡乡能上网、广播电视基本全覆盖，农村教育基础设施继续改善，农村医疗卫生服务体系进一步健全。

二是深化体制机制改革，释放农业农村发展巨大潜力。适度规模经营呈现新局面，以土地制度、经营制度、产权制度、支持保护制度为重点的农村改革深入推进，家庭经营、合作经营、集体经营、企业经营共同发展，多种形式的适度规模经营比重明显上升。土地确权颁证工作持续推进，截至2017年6月底，已完成确权面积10.5亿亩。土地流转加快，截至2016年年底，全国耕地流转面积达到4.79亿亩，适度规模经营已成趋势。农村集体产权制度改革试点

稳步开展，截至 2015 年年底，全国有 5.8 万个村，4.7 万个村民小组实行农村集体产权制度改革，农民股金分红累计达到 2600 亿元。

6. 农村自身造血能力不断提升，农民收入实现持续性快速增长

一是精准扶贫助力小康社会建设。改革开放以来，通过实施"国家八七扶贫攻坚计划"和"中国农村扶贫开发纲要"等行动，特别是党的十八大以来，各地区坚持以人民为中心的发展思想，扶贫综合投入力度不断加大，精准扶贫、精准脱贫政策措施持续落地生根，全国农村贫困人口数量大幅减少，由 2012 年年末的 9899 万人减少到 2017 年年末的 3046 万人，农村累计减贫 6853 万人，减贫幅度接近 70%。2013—2017 年中国农村减贫人数分别为 1650 万、1232 万、1442 万、1240 万、1289 万人，年均减贫 1371 万人。全国农村贫困监测调查也表明，2012 年以来，贫困地区基础设施和基本公共服务不断改进，农户住房与生活条件逐渐改善，农户主要耐用消费品数量持续增加，贫困地区居民整体生活质量得到明显提升。

二是促进农业农村产业发展，加速农民增收。聚焦深度贫困地区，深入总结推广产业扶贫范例，指导贫困地区因地制宜发展特色种养业，构建产业扶贫长效机制。农民收入增长快，年均增幅达到 8%。2016 年首次突破 1.2 万元，较 2012 年名义增长 47.4%，平均每年增加近千元。2017 年突破 1.3 万元，达到 13 432 元。城乡收入差距持续缩小，农民生活显著改善。农民收入增速连年跑赢城镇居民，2016 年城乡居民收入之比为 2.72 : 1，比 2012 年下降 0.16，农民生活水平进一步提高。贫困地区农民增收更快，年均增长超过 10%。2017 年，贫困地区农村居民人均可支配收入为 9377 元，比上年增加 894 元，实际增长 10.5%，实际增速比上年快 0.7 个百分点，比全国农村平均水平高 1.8 个百分点。

三是强化农村教育培训基础能力建设。1999—2017 年全国组织选拔了 8000 多万名科技特派员深入农村基层，开展技术和创新创业培训，提升农村农民农业生产技术水平，普及专业知识，显著提升了农民专业技术水平，带动农业农民组织形成绿色产业。如李宝国教授长期奋战在一线，他让 140 万亩荒山披上绿装，用科技力量帮助太行山 10 多万农民脱贫致富。

二、农业农村现代化建设机遇挑战并存

经过了40年的高速发展，中国农业农村现代化建设取得了举世瞩目的成就。但受到国内外农业发展新形势的影响，近年中国农业农村建设也呈现一些新的问题，面临生产成本"地板"和价格"天花板"的双重挤压，资源"红灯"和补贴"黄线"的双重约束，中国农业产业整体竞争力不强，农业绿色发展水平、科技供给质量效益及农业科技投入等还存在短板与不足，农业科技支撑薄弱，迫切需要重塑农业科技创新体系，构建产学研协同创新的新格局。

1. 农业生产成本持续上升、国内外农产品价格倒挂，农业产业竞争优势急需提升

21世纪以来，中国农业生产成本持续上升并全面超越美国，导致农业生产效率和竞争力相对下降，农产品进口量快速增加。2015年，中国玉米、稻谷、小麦、大豆、棉花等主要农产品亩均总成本分别为1083.72元、1202.12元、984.30元、674.71元、2288.44元，分别比美国高出56.05%、20.82%、210.42%、38.44%、222.84%。中国农产品成本的快速上升主要来自于国内劳动力价格的不断上涨。2001—2015年，玉米、稻谷、小麦、大豆、棉花人工成本增幅分别为256.71%、230.27%、261.57%、172.46%、336.07%，成为推高农业成本的主要因素。2015年，玉米、稻谷、小麦、大豆、棉花人工成本分别是美国的14.78倍、4.11倍、16.33倍、8.5倍、28.23倍，表明中国劳动生产率远远低于美国。农地要素价格也逐步上涨，租地经营型农业的土地成本占比更高，农机、化肥、农药、农膜等投入品越来越多。

近年来，中国的一些主要农产品价格已明显高于国外农产品进口到岸完税价。2008年，农产品价格倒挂的只有大豆。从2010年开始，中国粮食价格已经全面高于国际市场的离岸价，2013年全面高于配额内进口的完税价。到了2015年，中国小麦国内价格比关税配额内进口完税价格高出34%，大米价格高出39%，玉米价格高出43.8%，有的农产品已经逼近，甚至个别时段突破了超出配额的进口完税价，即第二道天花板。而全球粮价短期之内下跌的趋势非常

明显，国际市场粮食供给超过需求，国内外农产品价格的倒挂可能会成为常态。

农产品生产成本不断提升，国内外农产品价格倒挂明显，在农产品贸易保护措施有限的情况下导致农产品进口猛增。目前中国粮食高产量、高进口、高库存"三高"并存，带来巨额财政补贴支出，加重了财政负担，也使得高价的国内粮食在国内市场上的流通比重逐渐下降，中国的农业产业竞争力面临极大的挑战。

2. 农业科技进步贡献率与发达国家差距较大，科技创新亟待持续发力

农业科技进步是增强农业生产能力、提高农业生产效率、转变农业增长方式和推进现代农业建设的关键因素。近些年来，中国农业科技进步贡献率一直有所提升，由 2008 年的 50% 提高到 2017 年的 57.5%，而发达国家农业科技对农业生产的贡献率都在 75% 以上，德国、法国、英国等甚至达到 90%，以色列也早已达到了 90% 以上，与其相比仍存在较大差距。研究表明，中国农业科技进步贡献率的增长更多得益于农业技术水平的提高而非技术效率的改善，由于农业生产技术和管理水平较低，拉开了中国与发达国家农业科技进步贡献率的差距，亟须科技创新带来农业生产的规模化、机械化和智能化，提高生产质量和效率，实现生产要素质的飞跃。

3. 农业劳动生产率、土地产出率和资源利用率水平仍然落后，农业农村管理体制机制亟须突破

解决"三农"问题的根本目标是提高农民的收入水平，提高劳动生产率和土地产出率是提高农民收入的重要途径。尽管中国的土地生产率水平已高于农业发达国家的平均水平，但农业劳动生产率依然远远低于世界平均水平。由于农业劳动生产率低，工农业劳动生产率差距拉大，导致农民收入无法达到全社会平均水平，同时近年农业劳动力价格上涨，农业生产的人工成本快速上涨，导致中国农产品价格缺乏国际竞争力。

单就农业劳动生产率而言，2016 年，中国以农业就业人数与农业增加值

衡量的农业劳动生产率只有 5326 美元/人，美国、澳大利亚、英国、法国、德国、日本、韩国、荷兰、以色列、瑞典和巴西的农业劳动生产率分别为中国的 15.7 倍、14.9 倍、9.2 倍、9.9 倍、7.2 倍、4.3 倍、3.5 倍、14.8 倍、15.9 倍、15.4 倍和 2.1 倍，远低于同时期的农业发达国家。

中国特殊的资源禀赋、产权制度和配置偏好不利于提高农业劳动生产率。人均耕地面积仅为世界平均值的 40%、巴西的 1/3、美国的 1/6；中国户均经营规模约为日本的 1/4、欧盟的 1/40、美国的 1/400。《2016 中国国土资源公报》数据显示，2016 年年末中国共有 20.24 亿亩耕地，户均经营规模 10 亩多，30 亩以上的农户全国只有 1032 万户，人多地少的资源禀赋使种植业等土地密集型农产品生产的劳动生产率难以提高。中国农村土地实行集体所有、农户平均承包，承包权在集体成员中平均分配使地块进一步细碎化，经营权流转期限短使租地经营者缺乏扩大经营规模、增加农业基础设施投资的稳定预期。

从"人"的因素看，特殊的城乡二元体制和城镇化路径不利于提高农业劳动生产率。以户籍制度为核心的城乡二元体制，导致大量从农业中转移出去的青壮年劳动力未能实现市民化，家中的老人、妇女、儿童不得不留在农村生活，家中的高龄劳动力、辅助劳动力不得不留在农业中谋生，甚至部分转向非农产业就业的青壮年劳动力在农忙季节不得不回家务农；由于不能市民化，第一代农民工开始返乡，部分返乡的高龄农民工不得不继续从事农业。这种劳动力转移轨迹，使中国扩大农业经营规模、提高农业劳动生产率面临着比其他国家更为复杂的体制难题。

4. 农业农村人居环境恶化、农民健康生活受到影响，农业农村绿色本色亟待凸显

长期以来，为了增加农产品的产量，中国农业采取高投入、高消耗、高排放的生产方式，资源透支、过度开发、污染严重，超过了生态阈值，农业生态环境亮起了红灯，成为中国农业农村持续健康发展的瓶颈。

农业生产和生活活动引起的农业面源污染形势严峻，已成为中国水环境污染的重要来源。农业面源污染不仅影响农村居民生态环境质量，污染水体质

量。目前中国水体氮磷污染物中来自工业、生活污水和农业面源污染的大约各占1/3。据研究，中国湖泊的氮、磷50%以上来自农业面源污染。北京密云水库、安徽巢湖、云南洱海和滇池、江苏太湖等地表水体，绝大部分面源污染比例都超过点源污染。世界银行的报道指出，中国地下水有将近50%被农业面源污染。此外，中国受农业面源污染影响的耕地面积已近2000万公顷，每年土壤流失量达50亿吨，带走的氮、磷、钾及微量元素等养分相当于全国一年的化肥使用总量，其中相当一部分进入了水体中。农业面源污染已成为中国水体污染的最主要的污染源之一，治理农业面源污染已经成为摆在中国各级政府面前的一项刻不容缓的任务。

此外，农业废弃物资源化利用严重不足，造成农村生态环境的破坏。据估算，全国每年产生畜禽粪污38亿吨，综合利用率不到60%；每年生猪病死淘汰量约6000万头，集中的专业无害化处理比例不高；每年产生秸秆近9亿吨，未利用的约2亿吨；每年使用农膜200多万吨，当季回收率不足2/3。这些未实现资源化利用无害化处理的农业废弃物量大面广、乱堆乱放、随意焚烧，给城乡生态环境造成了严重影响。

5. 城乡融合发展格局尚未建立，乡村治理能力有待加强

为加快推进农村建设和农业现代化建设，国家制定了系列城乡一体化发展战略，在农村道路交通、水电管网、垃圾处理等有形公共服务，以及文化教育、体育娱乐、卫生健康等无形公共服务都有了较大程度的提高。然而，中国长期的城乡二元体制造成的巨大城乡差距仍没有得到扭转，城乡发展仍不平衡，农村在医疗、养老、教育、环境治理等社会保障和公共服务水平与城市比较仍存在较大差距，农村公共服务落后，不仅减缓了城乡公共服务一体化发展，而且增加了农村基层社会治理难度。

伴随中国工业化和城市化的快速发展，农村人口外流所形成的空心化现象日渐突出，对农业生产、农村公共服务、乡村文化建设、村民自治及乡村社会秩序等产生了消极影响，导致农村社会整体性衰落与凋敝。乡土文化流失，农村出现了文化真空。乡土文化是农村居民在长期社会发展过程中创造和形成的

文明，包括农村的风俗、习惯、仪式，以及农民的道德信仰、行为规范和生活方式等，是协调农村社会关系、维系农村社会良性运行的润滑剂，它的发展和繁荣，能极大地推进农村经济社会和谐建设。然而，随着城乡人员流动加快，城市文化和西方文化全方位地渗透到乡村社会，优秀乡土文化正在加速流逝。当前，传统乡土文化对农村居民言行举止的影响力羸弱，农村一些社会活动越来越缺乏文化蕴涵。农村社会的乡土文化退出与现代文化的进入并不同步，一些农村出现了文化真空，社会管理也因之缺乏相应的文化支撑；更有甚者，有的农村出现了文化混乱，社会治理陷入文化迷茫中，农民不知道如何行动，管理者也不知道如何引导农民行动和规范农民行为。

随着越来越多的农民成为城乡边缘人，农村治理的主体力量或弱化，或缺失。主要劳动力外流，留守在农村的老年人、妇女、儿童只能看守村庄，无心、无力参与农村治理活动；农村居民整体素质水平因精英外流而下降，村民自治能力严重不足，很难履行自我管理、自我教育和自我服务功能。同时部分地方在乡村基层治理过程中，存在组织工作薄弱，制度建设乏力，监督工作缺失，甚至尚存公权力部门和利益集团，造成农村现代化建设组织体系缺失，影响干群关系，也增加了社会不安定因素，已成为制约新农村建设的一个制度性问题。

第三章　科技创新支撑引领农业农村现代化作用日益突显

一、农业科技投入强度逐渐提高，农业农村科技水平大幅提升

1. 农业科研机构数量不断增加，科研人员素质显著改善

一是农业科研机构设置日趋完善。中国拥有世界上最为庞大且复杂的农业科研体系，中央政府、省市级政府都设有农业科研机构，截至2016年年底，全国研究机构共3611个，农业研究机构共1184个，农业科研体系的机构数量居各学科之首，约占全部行业研究机构的1/3。按全时当量计算，中国农业研究机构从业人员总数为93 946人，R&D人员55 504人，占全部行业研究与开发机构R&D人员的12.3%。二是科研人员素质明显提高，创新链各环节分布趋于合理。现约有农业科研人员6万人，其中科研机构占近80%，农业大学占20%；硕士和博士科研人员占科研人员总数的比重达到57%（博士为19.2%，硕士占37.8%），本科毕业占43%；按全时当量统计，共47 415人，其中研究人员29 980人，16.7%从事基础研究，22.5%从事应用研究，61.3%从事试验发展。

2. 农业科技供给增强，科技贡献率不断提高

一是农业科技总投入和总支出增加。中国农业科研机构和农业高校的科研经费投入从2001年62.8亿元增加到2015年388.8亿元，增加了5.2倍；经费总支出分别从2001年的56.9亿元增加到2015年的338亿元，年增长率为13.6%。二是农业科研R&D经费持续增加。中国农业R&D经费增长迅速，2002—2015年的年名义增长率和年实际增长率分别高达18.2%和13.2%，2015年的农业R&D经费总支出为193.2亿，是2001年的8.8倍。三是农业科技贡献

率不断提高。近年来，中国通过加强产学研协同创新，科研院所和优势企业联手，推动重大农业科技创新，促使农业科技贡献率提升到57.5%，比5年前提高3个百分点，有效提升了农业质量效益竞争力。

二、农业科技创新政策力度不断加大，农业创新创业生态持续优化

1. 中央一号文件持续关注"三农"问题，农业科技创新政策不断完善

改革开放以来，中国逐步建立了适应农业发展的农业研发政策、农业科技推广政策、农业投入条件保障政策等。党的十八大以来，中央密集出台了体制机制改革、科技计划改革、成果处置改革等一系列重大举措，为农业科技跨越发展创造了前所未有的新机遇。2004年起中央连续发布以"三农"为主题的中央一号文件。历年中央一号文件都强调要加快农业科技创新，提高农业科技创新能力，重视科技投入及成果转化和科技推广体系建设，改革农业科技体制，科技政策举措逐渐清晰具体。2005年中央一号文件提出加快农业科技创新，提高农业科技含量，加强农业科技创新能力建设，加快改革农业技术推广体系。2007年中央一号文件提出推进农业科技创新，强化建设现代农业的科技支撑，加强农业科技创新体系建设，推进农业科技进村入户。2008年中央一号文件指明要"加快推进农业科技研发和推广应用，切实增加农业科研投入，重点支持公益性农业科研机构和高等学校开展基础性、前沿性研究，加强先进实用技术集成配套"。2009年中央一号文件提出要"加快农业科技创新步伐，加大农业科技投入，多渠道筹集资金，建立农业科技创新基金，重点支持关键领域、重要产品、核心技术的科学研究"。2010年中央一号文件强调要"提高农业科技创新和推广能力。切实把农业科技的重点放在良种培育上，加快农业生物育种创新和推广应用体系建设"。2012年中央一号文件指出要依靠科技创新驱动，引领支撑现代农业建设，明确农业科技创新方向，突出农业科技创新重点。2014年的中央一号文件提出推进农业科技创新，深化农业科技体制改革，对具

备条件的项目，实施法人责任制和专员制，推行农业领域国家科技报告制度。2015 年中央一号文件提出强化农业科技创新驱动作用，健全农业科技创新激励机制。2016 年中央一号文件提出持续夯实现代农业基础，提高农业质量效益和竞争力，强化现代农业科技创新推广体系建设，加快推进现代种业发展。2017 年中央一号文件提出要强化科技创新驱动，引领现代农业加快发展，加强农业科技研发，强化农业科技推广，完善农业科技创新激励机制。2018 年中央一号文件《中共中央国务院关于实施乡村振兴战略的意见》指出要"提升农业发展质量，培育乡村发展新动能。夯实农业生产能力基础。加快建设国家农业科技创新体系，加强面向全行业的科技创新基地建设"。

2. 国家制定农业科技发展战略规划，指导促进农业科技全面综合发展

《中华人民共和国国民经济和社会发展第十三个五年规划纲要》《"十三五"国家科技创新规划》《国家中长期科学和技术发展规划纲要（2006—2020 年）》《国家创新驱动发展战略纲要》《全国农业现代化规划（2016—2020 年）》等从宏观层面提出推动农业科技发展的战略指引，明确要深化农村科技体制改革，保证农业科技经费的稳定增长与农业科研队伍的持续发展；引导与鼓励各级科研机构、大专院校和科技人员，配合地方政府共同进行区域经济技术的研究和开发。农业部制定的《"十三五"农业科技发展规划》确立了中国农业科技发展"三步走"的战略目标。"十三五"乃至更长一段时期，将进一步加快调整科技创新方向、优化科技资源布局、拓展科技创新领域、壮大农业科技力量、深化科技体制改革，不断提升农业科技自主创新能力、协同创新水平和转化应用速度，为现代农业发展提供强有力的科技支撑。进入新时期，中国农业科技政策强调农业高质量发展，以推进农业供给侧结构性改革为主线，以保障国家粮食安全、重要农产品有效供给和增加农民收入为主要任务，以提升质量效益和竞争力为中心，以节本增效、优质安全、绿色发展为重点，加快调整科技创新方向、优化科技资源布局、拓展科技创新领域、壮大农业科技力量、深化科技体制改革，不断提升农业科技自主创新能力、协同创新水平和转化应用速度。

科技部会同有关部门编制了《国家"十三五"农业农村科技创新专项规划》，明确"十三五"时期农业农村科技创新的形势需求、指导原则、发展目标、重点任务和保障措施，为加快提升农业科技自主创新能力和农业综合效益与竞争力提供了有力支撑。

三、国家科技计划农业领域重点部署，农业科技创新成果竞相涌现

1. 国家科技计划农业领域布局优化，支持范围不断扩大

"十三五"期间，农业农村领域面向世界科技前沿、面向经济主战场、面向国家重大需求，为推动农业产业核心竞争力、整体自主创新能力和国家安全的战略性、基础性、前瞻性重大科学问题、重大共性关键技术和产品研发，以及重大国际科技合作，按照产业链布局创新链、一体化组织实施的思路，围绕基础研究、关键技术创新与典型集成示范，开展并优化科技计划布局。根据政府科技管理职能和科技创新规律，将原有科技部和其他部委管理的星火计划、863计划、支撑计划、科技富民强县专项行动计划、公益性行业科研专项等进行整合归并，形成5类科技计划（专项、基金等）：国家自然科学基金、国家科技重大专项、国家重点研发计划、技术创新引导专项（基金）、基地和人才专项。在涉农领域，国家启动了重点研发计划重点专项12个，包括化学肥料和农药减施增效综合技术研发、七大农作物育种、畜禽重大疫病防控与高效安全养殖综合技术研发、粮食丰产增效科技创新、现代食品加工及粮食收储运技术与装备、智能农机装备、农业面源、重金属污染农田综合防治与修复技术研发、主要经济作物优质高产与产业提质增效科技创新、海洋（蓝色）粮仓科技创新、绿色宜居村镇技术创新、场地土壤污染成因与治理技术，专项部署基本上覆盖了农业农村领域重大战略需求方向和产业发展重要领域。

同时，在国家科技计划布局中，持续资助原农业部联合财政部先后启动建设的水稻、油菜、生猪、大宗淡水鱼等50个现代农业产业技术体系，以农产品为单元、以产业为主线，以问题为导向，集聚中央和地方优势科技资源，针对

产业共性问题和瓶颈，开展联合攻关和协同，建立了从产地到餐桌、从生产到消费、从研发到市场的现代农业产业技术体系，在促进技术进步和推动农业转型升级方面也发挥了巨大作用。

2. 农业科技创新成果竞相涌现

中华人民共和国成立以来，特别是改革开放以来，中国农业农村科技创新取得了丰硕的成果，科技创新整体水平显著提升。生物技术、信息技术、材料技术和资源环境技术的最新进展不断在农业领域得到应用，有力推动了中国动植物新品种培育、种植养殖技术、病虫害防治、农产品储运加工、农产品质量安全及农业机械化装备等领域研究水平的不断提升。重要农作物功能基因发现与克隆、调控网络解析及新一代基因组测序技术取得重大进展，挖掘出一批优异种质资源及基因，基本完成了水稻、小麦、玉米、棉花、大豆、谷子、番茄、黄瓜、橄榄、白菜等主要农作物的基因图谱绘制和深度解析，品质综合性状得到有效改良；借助于基因组编辑技术、全基因组选择技术，动物育种效率大幅提高，创建了水生生物种质资源库，构建了传统选育、分子选育和基因组选择相结合的水生生物育种技术体系；初步解析了主要农作物有害生物致害性、变异规律及其抗性机制，借助信息技术，对昆虫种群时空特征进行定量研究和趋势分析，构建了一批立体型、多元化、综合性监测预警平台，农业重大生物灾变的防控水平迈上新台阶；重大动物疫病流行病学、传播规律、致病机制、免疫机制，以及病源耐药性形成机制与控制方法等研究均取得重要进展；营养健康等功能性产品开发进程显著加快，初步形成以肠道微生物基因组学研究为重点，运用营养基因组学、蛋白质组学、代谢组学、微生态营养学等现代营养学等的研究方法，推进人体营养学基础研究纵深发展，满足个性化消费需求；开展了基于风险评估的农兽药残留等限量标准制定、污染物残留消解转化规律、农产品产地主要污染物限量标准与安全评价分类等技术研究，获得了一批基础数据和应用模式，有力提升了农产品质量安全和标准化生产水平；电子与光学、传感与控制、自动导航、数字识别、智能决策等技术在农业机械与装备领域得到广泛应用，节能、低排放拖拉机及保护性耕作机械、节水灌溉机械、高效质保机械、果园特种机械等装备创制取得新进展；物联网、移动终端和遥感等技术的研究，为实时感知生产、市场、消费等环节提供了技术支撑，依靠大数据挖掘和应用技术，使农产品生产和消费预测、预警更加准确、快捷。

四、优化农业科技创新体系，农业整体创新效能有所提升

1. 农业科技创新体系建设持续推进

党的十八大以来，在农业领域创新主体培育、创新平台建设、创新人才培养、服务体系优化、体制机制改革探索等方面开展了一系列卓有成效的工作。一是建立了以大学、科研院所、国家级创新平台为主体的知识创新体系，截至2017年年底，中国涉农专业的综合性高等院校466所，独立设置的高等农林院校39所，中科院系统涉农科研院所20余个，部门行业涉农科研机构10余个，涉农国家重点实验室38家。二是建立了以省市农业科研机构、农业科技（产业）园区等为主导力量的区域创新体系，按照区域特点布局了一批农业科技园区或产业园区，已建成国家农高区2个、国家农业科技园278个和国家现代农业产业园41个，在推动区域农业增效、农村发展和农民增收中发挥了重要作用。三是推进建设了以企业主体、产学研融合的技术创新体系，建设涉农科技型企业，目前全国已有涉农高新技术企业6800余家，有力地带动了以关键共性技术突破为导向的技术创新；建立涉农国家工程技术研究中心、企业技术中心及外资企业在华设立的农业技术研发中心等研发平台，加快科技成果转化，促进农业产业转型升级。四是初步建立了公益性和社会化共同发挥作用的多元化服务体系，公益性科技服务体系主要从事农业实用性技术的推广应用，开展技术示范、技术服务以及培训等；社会化服务体系通过技术入股、成果转让或创办企业等方式在从事社会化服务的同时带领农民共同取得收益。五是建立了以野外科学观测研究站、农业科技数据中心、生物种质和实验材料资源平台为主体的支撑体系，建设布局了一批野外科学观测研究站，建设国家农业科技数据中心及其支撑工作网络，建立植物、动物和微生物种质和实验材料资源平台，提高资源创新和开发利用能力。

2. 农业农村科技创新效能不断提高

中国大力实施创新驱动发展战略，农业农村科技实力从量的积累向质的飞跃，科技创新对国家粮食安全的支撑作用进一步凸显，初步构建"从田间到餐桌"全产业链信息化、精准化的食品安全技术体系。一是建设涉农国家重点实验室、功能食品及农业机械等83个农口国家工程技术研究中心、36家产业技术创新战略联盟，为基础研究、应用基础研究和技术创新奠定了坚实基础；二是农业科技成果自十八大至2018年，共有185项农业科技成果获得国家科技奖励，如食品领域在高效分离、现代食品发酵技术和装备等方面取得的显著突破，有力地支撑了中国第一大产业的优化升级；农业机械产业在智能农机、农用无人机等领域的突破，400马力无级变速拖拉机的自主研制成功，为中国农机产业做大做强提供了坚强保障，有力提升了农业科技供给水平。三是农业农村科技服务取得重要进展，全力激发农业农村"双创"活力，深入推行科技特派员制度，已有近90万名科技特派员活跃在农村基层，建有39所新农村发展研究院，加快了农业科技成果的转移转化；加强科技扶贫与精准扶贫，增强贫困地区内生发展动力和创业激情，以创业带动产业发展，实现由"输血式"扶贫向"造血式"扶贫转变，有力带动了农民增收和科技精准脱贫。

五、农业创新创业平台系统布局，催生农业与区域发展新动能

1. 系统布局国家级农业创新创业载体，推动农业高新技术产业发展

围绕打造农业创新驱动发展的先行区和农业供给侧结构性改革的试验区，布局建设杨凌、黄河三角洲等一批国家农业高新技术产业示范区，聚焦创新驱动发展和农业供给侧结构性改革，发挥农业高新技术产业和服务业带动作用，并注重促进产城、产镇、产村融合发展，形成可复制、可推广的模式，提升农业可持续发展水平，推动农业全面升级、农村全面进步、农民全面发展。以建成"农业科技成果培育与转移转化的创新高地，农村大众创业、万众创新的重要阵地"为目标，建设了278家国家农业科技园区，带动农业科技成果转

化、农村创新创业、农业高新技术企业集聚、农业高新技术产业壮大，推动了农业高新技术产业发展。加快"星创天地"建设布局，目前已备案3批共1824家国家级"星创天地"，据估算，帮助企业获得融资59亿元，助力农业农村创新创业。

2. 布局地方农业创新创业载体，带动区域经济发展

鼓励引导各省（市区）建设布局省级农业高新区、农业科技园区和产业园区，目前共有省级涉农科研机构35个，地市级农业科研机构412个，针对区域农业发展瓶颈，开展联合攻关，解决制约区域农业发展的重大问题，发展农业高新技术产业，培育农业高新技术企业，为区域农业农村发展发挥了重要科技支撑作用，辐射带动区域创新与经济发展，为破解区域农业重大关键技术问题和推动区域农业产业发展提供支撑。

第四章 典型国家农业农村现代化理论与实践

第一次和第二次工业革命后,人们对农业现代化的理解主要是机械化、电气化、水利化等;第三次工业革命和第一次绿色革命后,农业现代化增添了两个重要标志——良种化、化学化;随着20世纪后半叶以来现代科学技术、工业装备、管理理论和全球市场经营理念等日新月异的快速发展及其与农业发展的有机融合,科学化、技术化、集约化、专业化、服务社会化等成为农业现代化新的内涵;近20年来生态农业与可持续发展逐步成为农业现代化追求的新理念和新模式,资源节约、环境友好、可持续发展成为21世纪农业现代化的新诠释。

一、典型国家农业农村现代化理论综述

农业现代化是一个综合的、世界范畴的、历史的和发展的概念,它作为一个动态的、渐进的和阶段性的发展过程,在不同的时空条件下,随着人类认识程度的加深而不断被赋予新内容。

1. 农业农村现代化内涵的界定

农业现代化是改造传统农业的过程,是用现代物质条件装备农业,用现代科学技术改造农业,用现代产业体系提升农业,用现代经营形式推进农业,用现代发展理念引领农业,用培养新型农民发展农业。从过程上来看,农业现代化发展是要不断提高农业机械化、水利化、化学化、电气化、科技化、适度规模化、生态良性化、专业化及生产者知识化。从结果上看,农业现代化发展是要提高农业劳动生产率、土地产出率和商品化率。

农村现代化是以农村为中心,并将其置于整个社会经济大系统的现代化之

中，包括以下几个方面基本内涵：一是农村现代化物质基础——农业现代化，即在农村现代化过程中，传统种植农业逐步转型为机械化、水利化、化学化、电气化、科技化、适度规模化、生态良性化、专业化及生产者知识化的现代大农业；二是农村现代化主要内容——经济现代化，即在农村现代化过程中，传统农村经济逐步转变为市场化、工业化、城市化、持续化的现代市场经济；三是农村现代化重要方面——社会现代化，即在农村现代化过程中，逐步实现农村社会民主化、法制化、文明化、稳定化；四是农村现代化基本保证——制度现代化，即在农村现代化的过程中，逐步实现制度创新，规范政府行为，强化政策导向。

根据十九大的报告农村现代化产业兴旺、生态宜居、乡风文明、治理有效、生活富裕。产业兴旺、生态宜居属于硬件方面的内容，而乡风文明、治理有效属于软件方面的内容，生活富裕则是目标。产业兴旺是农业现代化的内容，以农业产业为主，当然乡村也是多样并举；生态宜居是指乡村的居住条件，漂亮优美；而乡风文明、治理有效是指民风与治理都应该与硬件一样美丽大气；生活富裕应该是小康阶段的目标，即指在农村生活不能比城市贫困。

农业现代化有狭义农业现代化和广义农业现代化之分，狭义的农业现代化是指农业产业的现代化，广义的农业现代化是"三农"的现代化，还包括农村现代化和农民现代化。狭义的农业现代化与农村现代化间是被包含与包含关系，农业现代化是农村现代化的重要组成与物质基础。广义的农业现代化是"三农"的现代化，包含农业产业现代化、农业环境现代化和农业主体现代化三大内容。农业产业现代化是农业本身的现代化。农业环境现代化是农业产业外部社会环境的现代化，实质上是农村的现代化。农业主体现代化是农业劳动者的现代化，即农民现代化。

2. 世界农业农村现代化典型理论

典型农业发达国家城乡发展是一体的，不具有中国的城乡二元经济特点。发达国家的农业现代化理论并未严格区分农业现代化和农村现代化，而是统称为农业现代化，即包括政治、经济、社会和文化等方面内容的全方位的社会变革。目前，国外农业农村现代化理论主要包括改造传统农业理论、诱导的创新理论、城市工业影响理论、高效益投入理论及资源开发理论。

（1）改造传统农业理论

舒尔茨的改造传统农业理论，对农业现代化的发展具有重大影响。舒尔茨从理论上阐明了农业和农民在经济发展中的重要地位和积极作用，对传统农业的性质提出了新的见解。舒尔茨认为发展中国家的经济成长，有赖于农业的迅速稳定的增长，而传统农业不具备迅速稳定增长的能力，出路在于把传统农业改造为现代农业，即实现农业现代化。制度保证是改造传统农业首要任务，运用以经济刺激为基础的市场方式，通过农产品和生产要素的价格变动来刺激农民；适度规模是改造传统农业必要条件，反对建立大规模农场，舒尔茨指出要使农民乐意接受新的生产要素，就必须使这些生产要素有利可图，一方面取决于新生产要素的价格和产量，另一方面取决于政策因素。

（2）诱导的创新理论

诱导的创新理论来源于厂商理论，约翰·希克斯和汉斯·宾斯旺格曾做了卓有成效的研究，速水佑次郎和弗农·拉坦又进一步丰富和完善了这一理论。诱导的创新理论认为，一个社会可以利用多种途径来实现农业的技术变革。由无弹性的土地供给给农业发展带来的制约可以通过生物技术的进步加以消除。由无弹性的劳动力供给带来的制约可以通过机械技术的进步解决。一个国家获得农业生产率和产出迅速增长的能力，取决于在各种途径中进行有效选择的能力。如果不能选择一条可以有效消除资源禀赋制约的途径，就会抑制农业发展和经济发展的进程。一种关于农业发展的有效理论应该包括这样一种机制，通过这种机制，一个社会可以选择农业技术变革的最优途径。诱导的创新理论把技术变革过程看作是经济制度的内生变量，把技术变革看作是对资源禀赋变化和需求增长的一种动态反映。

（3）城市工业影响理论

城市工业影响理论是由农业区位理论发展而来的。舒尔茨的"城市工业影响农业发展假说"，认为农业土地利用类型和农业土地经营集约化程度，不仅取决于土地的天然特性，更依赖于其经济状况，尤其取决于其到农产品消费的距离，位于城市中心周围的农业地区经济发展状况好，农业现代化水平也高。舒尔茨指出，要素和产品市场在城市工业迅速发展的区域比城市经济还没有转变到工业阶段的地区更能有效地发挥作用。

（4）高效益投入理论

农业技术具有高度的地区性，由于各地区地理气候和资源禀赋差异显著，在大多数情况下，发达国家开发发展的生产技术不可能直接转移应用到欠发达国家。即使对传统的自给自足的农业资源进行重新配置，也只能获得非常有限的农业经济增长。舒尔茨认为，在传统农业中，农民对农业资源的配置是理性和有效率的，农民之所以贫穷，是因为在大多数国家中，农民缺少对此做出反应的经济和技术方面的机会。因此，要把传统农业转变为经济增长的生产性源泉，其关键问题是投资，以便使贫困国家的农民能够获得现代高收益投入品。速水佑次郎和弗农·拉坦将此概括为"高收益投入理论"，并提出促进农业生产率提高的3种投资渠道：一是对农业实验站创造新技术、新知识进行投资；二是对工业部门开发、生产和销售新技术进行投资；三是对促进农民有效使用现代农业要素进行投资。

（5）资源开发理论

资源开发理论认为自然资源开发是农业经济发展的重要源泉，耕地和牧场是增加农业生产的主要途径。早期的农业生产受到生产力水平的限制，农业再生产主要依靠外延式的方法，依靠耕地面积的扩大来实现增收的目标。然而，农业是受自然资源禀赋制约最为严重的产业，而自然资源是有限的，因此，随着农业开发的扩大和自然资源的减少，单纯依靠自然资源开发而实现农业乃至经济增长的做法已经被世界各国所摒弃。速水佑次郎和弗农·拉坦认为，以资源开发模型为基础的农业增长，在长期内是不可持续的。而要实现农业的持续增长，就必须从单纯的资源开发模式中解脱出来，注重资源保持型或增进型技术的开发，用化肥等现代工业投入品替代自然土壤肥力，并着力开发新的作物品种。

3. 世界农业农村现代化的两大阶段和六次浪潮

世界农业现代化的内容非常丰富，按照历史事件，世界农业现代化发展历程包括农业现代化的两大阶段和六次浪潮，两大阶段分别是世界第一次农业现代化和世界第二次农业现代化。

（1）世界第一次农业现代化的三次浪潮

农业现代化的第一次浪潮（约1763—1870年）。主要指第一次工业革命时期欧洲发生的农业革命，内容包括农业生产科学化（引进新品种和"科学种田"等）、农业产品商业化、农业经济市场化、农业技术机械化、农业用地集中化、农业劳动专业化、农业合作社和公司型农场等现代农业组织形式兴起、农民识字率提高、农业劳动力和增加值比例下降等。

农业现代化的第二次浪潮（约1870—1945年）。主要指第二次工业革命和两次世界大战期间世界农业的前沿变化，内容包括农业技术机械化和电气化、农业经济商品化和市场化、农业生产专业化和规模化、农业经营制度化和企业化、化学肥料和农药的使用、农业水利的发展、优良品种和农业科技的发展、农民素质提高、农业劳动力和增加值比例继续下降等。同时，水土流失加剧，农业污染出现，农业经济周期性危机发生，农业受自然灾害影响仍然严重等。

农业现代化的第三次浪潮（约1946—1970年）。包括第三次产业革命对世界农业的影响和农业国家的绿色革命等。世界农业的前沿变化包括农业技术的机械化、电气化和自动化，农业生产的专业化、标准化和规模化，农业服务的市场化和专业化，农业的集约化、良种化、水利化和化学化继续发展，国家农业政策和农业经济系统化，现代农业科技继续发展，农民素质大幅提高，农业劳动力和增加值比例继续下降，国际农业贸易增加，化肥和农药污染引起世界关注等。在此期间，发达国家先后完成以市场化、机械化、化学化和系统化为主要特征的第一次农业现代化，形成高效的、科学的现代农业的经济、技术和政策体系。

（2）世界第二次农业现代化的三次浪潮

农业现代化的第四次浪潮（约1970—2020年）。受高技术、信息革命和生态革命的影响，世界农业前沿发生深刻变化。首先，信息革命引发农业的信息化浪潮。其次，生态革命引发生态农业、持续农业、有机农业和绿色农业等的兴起。其三，高技术（包括生物技术等）的发展，丰富了农业的技术选择，扩展了农业的发展前景。其四，知识经济和知识社会的兴起，带动农业经济的知识和生态转型，知识型农业快速发展。知识型农业目前的特点包括知识化、信息化、生态化、自然化、多样化、智能化、精准化和工厂化，农业比例继续下降等。

农业现代化的第五次浪潮预计发生在 2020—2025 年。它以新生物学革命为基础，包括生物工程、纳米工程、信息工程和新能源技术等在农业部门的应用和变化等。农业比例下降的趋势有可能发生逆转，知识型农业劳动力和增加值比例有可能上升。

农业现代化的第六次浪潮预计发生在 2050—2100 年。它以新物理学革命为基础，包括太空技术、生物工程、新型能源、超级制造和超级运输在农业部门的应用和变化等。知识型农业高度发达，工厂化、自然化和订单化农业等成为基本特征。

中国的农业农村现代化道路经历了 20 世纪 70 年代以来的改革开放，以及 2001 年正式加入世界贸易组织（WTO），全面参与了经济全球化进程，农业农村现代化的观念和重点发生了一系列的改变，已经进入全面推进农业现代化（信息化、机械化、科学化、专业化、工业化、生态农业、有机农业、农业科技园等），农业经济现代化（市场化、商品化、国际化、集约化、社会化、农业金融和农业期货市场等），农业要素现代化（农民素质和农民收入提高、农村基础设施改善）的时期，农业政策环境（农业税收改革和农业补贴）、农业制度和农业观念等发生巨大转变，发展重点已经进入提高农民收入、发展农业信息化和农业生态化等。

现阶段中国农业农村现代化已经经历了第一次农业现代化的三次浪潮，正经历第二次农业现代化的第四次浪潮。中国经济的持续快速的发展，使中国农业农村现代化实现了后发追赶模式，为了更好实现中国农业农村现代化，中国必须走科技创新的道路。

二、典型国家农业农村现代化实践历程

1. 美国、澳大利亚依托制度保障改造传统农业

国家通过法律法规等制度设计，统筹指导或引领农业生产，将传统农业重塑为渴望先进技术，具有自我更新能力的现代化农业。

（1）美国农业现代化案例

美国农业现代化发起于19世纪。19世纪20年代至60年代，美国农业政府部门及各种相关机构完成组织化，形成农业发展的宏观管理力量。19世纪60年代到20世纪20年代，美国国会通过了一系列法案，从人才教育，科研，推广，金融等方面促进和保障农业快速、稳定地发展，引导生产要素向农业领域聚集，农业进入半机械化时代。

20世纪20年代到20世纪50年代，美国国会相继通过《帕尔——沃尔斯泰德法》，农业合作社在全国范围内开始推广；"合作销售法"，在农业部成立了合作销售处，后发展为农业合作管理局；1929年成立联邦农场局，农业合作社得到了快速的发展。规模化农场和农业合作社快速发展，使美国农业机械化生产开始大范围普及，使美国农业发展实现质的飞跃，伴随机械化普及现代农业生物技术开始崛起。

20世纪50年代到20世纪80年代，全面农业现代化时期。农业法案改革为美国现代农业发展保驾护航，农业机械化向纵深发展，农业产业形成一体化经营体系。20世纪80年代至今，为后农业现代化时期。信息化、智能化驱动农业精准化发展，自主创新农业生物技术领跑全球。

（2）澳大利亚农业现代化案例

19世纪60年代到19世纪末，为农业现代化萌芽期。土地改革政策的实施促进了土地的流转和集中，同时推动了农业新技术的发明和应用，为澳大利亚农业从传统农业向现代农业转型奠定了基础。1861年，新南威尔士推出了新殖民地土地法案，规定无论性别、年龄，任何人都可以在定居区挑选和购买40～320英亩的土地，使澳大利亚小麦种植面积在1861—1881年由26万公顷增加到了124万公顷。产量从27.87万吨增加到63.55万吨，农业种植面积从

48万公顷扩大到185万公顷，这是澳大利亚耕种史上种植面积和产量增长最快的时期。

20世纪初到60年代，为农业现代化初级阶段。进入20世纪后，以人力投入为主的农业生产模式已不能适应澳大利亚农业快速发展的要求，政府通过引进农业机械和加大农业优惠政策的支持力度来引导本国农业的现代化发展。农业机械化的应用及农业优惠政策的支持加速了澳大利亚农业现代化的进程；农业人口的增加促进了澳大利亚的拓荒垦殖，小型农场开始大量出现。

20世纪60年代至今，为农业现代化成型期。1959/1960—2012/2013财年，农场数量减少38.9%。大规模农场占据农业经营者的主体地位。1996年，澳大利亚将初级产业与能源部调整为农渔林业部，农业政策和法规的调整为农业科技和产业的发展提供了保障，统一协调对农牧渔林业的综合管理。农业机械化和信息化的全面普及应用促进规模化农业快速发展。2013年，手机网络在农场的地区覆盖率为85%，人口覆盖率为99%，大型农场的互联网普及率达到90%以上，小型农场互联网普及率达到70%。目前，电脑和互联网已成为大部分澳大利亚农业从业者的基本工具。农户普遍利用网络获取天气、价格、产品、设备和技术等各种农业信息，进行网络交易、买卖农产品，通过网络进行各种社交沟通等。信息技术的应用和科学种田知识的普及，弥补了澳大利亚农业自然条件不理想的劣势。

2. 英国、法国工业化发展加速农业现代化

工业化快速发展，对农村农业现代化提速起到了强力的带动作用，加快了农业的现代化过程。

（1）英国农业现代化案例

作为工业革命的源起国家，英国加工产业的快速发展急剧扩大了对劳动力的需求，继而产生圈地运动促进了土地的流转和集中。圈地运动引起的土地制度变革，促进了土地的流转和集中。伴随着敞田的围圈和公地的瓜分，土地日益向大地产集中，小地产因其经济效益低和适应能力差，纷纷被大地产所吞并，小地产日渐没落。摆在小地产所有者面前的只有两条路，不是购进地产得

以生存下去，就是出卖土地以谋求别的出路。圈地运动为农场主创造巨额利润提供了契机。

　　同时圈地运动废除了敞田制，为技术改良铺平了道路，使英国农业先于工业实现了跨越式的发展。从18世纪初开始，一场农业技术革命在英国农村广泛开展起来。土地不再休耕，人们普遍用轮耕法种植大麦、小麦、芜菁、三叶草等作物，芜菁和三叶草都能反肥入土，还能用作家畜的冬季饲料，牲畜粪便则用于施肥，必要时还在土地中加放泥灰土以提高土壤肥力；牛羊的选种使它们的重量增加了一倍以上；传统农具得到改进并引进了新农具，犁的样式和结构得到改进并增加了铁的使用，长柄镰刀代替了短把镰刀，播种机代替了散播，甚至制造出一批当时世界上最先进的农业配套机械，如收割机、排水泵、扎束机等。这些革新大大提高了农业生产率，使得生产相同数量的粮食只需投入更少的人力和物力成本，农业产生了足够的剩余，为农业现代化的发展奠定了基础。

　　20世纪初期至今，为英国农业现代化的加速发展时期。两次世界大战之后，政府出台法律保护和支持农业，实施系列农产品价格保护政策，促进农业现代化的快速发展。充分利用国外市场，促进本国农业发展，制定法令促进农业土地规模经营、产业化生产。智能化、机械化水平转变农业生产方式。

　　（2）法国农业现代化案例

　　法国的农业也经历了一个从弱到强的发展历程，18世纪90年代到19世纪50年代，法国仍为以小土地占有和小规模土地经营为基础的现代农业发展初期。大革命后的土地再分配，为土地要素流转创造了初步条件。

　　工业化的推进和交通业的发展，成为带动农业变革和发展的决定因素。由于市场经济制度和以蒸汽机为标志的技术革命的推动，工业和交通运输迅速发展，城市化进程加快。到19世纪末，法国已初步实现工业化。工业化进程加快了对传统农业的改造，使自给自足的小农经济变成为工业、为城市、为出口服务的商品农业，形成了国内统一民族市场与国际市场融合的农业大市场。新型的以雇佣劳动为特征的资本主义农场不断扩展，农业结构改变，产品的专业化生产开始出现，并逐渐形成农业区域分工，农业的专业化生产使技术进步加快,并最终提高了生产率。

20世纪初至20世纪90年代,基本实现农业现代化。两次世界大战之后,法国农业受到很大的破坏,农业状况恶化,粮食严重短缺。但随着国家步入正轨和正确的农业决策,法国农业很快迎来了自己的黄金发展期。首先随着工业的高度发展,农村人口大量流入城市,为农业发展提供了充足的空间。其次第二产业和第三产业的发展,又为农业的发展提供了更大的市场和更多更好的装备。

战后法国政府采取集中土地政策,积极调整产业结构,从以种植业为主改为以畜牧业为主,实现农牧业平衡发展。战后,生鲜乳、肉用畜牧业成为主要发展项目,牛、猪和家禽饲养业发展特别快。到20世纪70年代中期,法国肉、奶、蛋的产量都有较大的提高。采取各项举措促进农业科学技术的发展,为农业制定现代化规划;指出农业技术与工艺的发展方向;建立各种指导机构;对农民实行技术教育与轮训制度等。特别是对青年农民立户,要求他们必须完成义务教育后,经过农业专门学校学习,并且到农场实习,取得合格证书,才能得到政府承认。这些措施对促进农业技术的改造、农民专业技能的提高和农业劳动生产率的提高都起到了良好的效果,农业的科学化、社会化、国际化达到新的高度。

3. 韩国、日本以高效益投入发展现代农业

韩国、日本都是属于东亚的国家,不仅是一衣带水的邻居,更具有非常相似的国情,是最为典型的人多地少国家,农业资源禀赋非常稀缺。农业以小规模的家庭经营为主,普遍经营规模都在4公顷以下,农业生产面临老龄化的困扰。但在强大的综合农协系统和相关政策支持下,依然实现了农业农村现代化,谱写了人多地少国家如何实现农业农村现代化的道路与模式。这对于中国绝大多数地区都具有非常重要参考价值。

(1)韩国农业现代化案例

韩国地处亚洲大陆东北部朝鲜半岛的南段,三面环海,北部与朝鲜接壤,山地占国土面积的2/3。20世纪60年代,韩国实行了两个经济开发五年计划,

农业农村现代化与科技创新重大问题研究

第一个经济开发五年计划（1962—1966 年）的基本方针是：注重提高农业生产力。具体内容是确立和健全农业区域管理机构，扶持农村的自立农；鼓励农民扩大耕地和牧场；稳定农产品价格，保证供应农业生产物资和农业贷款等。第二个经济开发五年计划（1967—1971 年）的主要目标是：加速实现生产结构的现代化；促进和确立农业自立经济，计划农业年平均增长率达到 5%。

20 世纪 70 年代韩国开展了"新村运动"，政府向全国所有 3.3 万个行政村和居民区无偿提供水泥，用以修房、修路等基础设施建设，政府又筛选出 1.6 万个村庄作为"新村运动"样板，带动全国农民主动创造美好家园。20 世纪 80 年代至今，为农业现代化发展完善时期。"开放农政"和农业机械化的推行，农村工业大规模投资、农业工业化实现，增加了农民收入，缩小了城乡差距，推动农业现代化的发展和完善。

（2）日本农业现代化案例

日本农业现代化主要在第二次世界大战后完成。这一时期日本政府主要通过制定法令和提高土地产出率来增加单位面积产量和农业总产量，这些措施逐步缓解了粮食紧张状况，提高了农业生产率。同时，伴随着工业的快速发展，大量农村劳动力向非农产业转移，有利于农业经营规模的扩大，为实现农业生产要素的优化配置和机械化农业生产工具的应用创造了必要的外部条件。

首先，政府财政增加对农业生产领域的投入，尤其注重农村教育和农业科技水平提升。20 世纪 60 年代中期至 70 年代初期，日本的公共教育投资年均增速达到 17.6%，迅速形成了完备的公共教育体系。正是公共教育体系的建立与完善，使得日本农业发展在 20 世纪 60 年代就步入了世界先列。尤其在农业生产的生物技术、化学技术、种植技术和水利灌溉设施技术等方面的研究成效显著，为日本农业现代化提供了重要的科学技术支撑。

其次，城市高度发达的机械装备技术在农业中的应用成为推进农业现代化又一重要引擎。20 世纪 60 年代初，日本进入了城镇化快速发展阶段，大量农村劳动力向城镇转移就业，为大规模进行机械化生产作业奠定了基础。因此，从 20 世纪 60 年代初期，日本就支持研究机构和机械制造企业针对日本耕地自然分布特征，研究和生产与之相适应的各种机械化工具。1968 年前后，日本就基本普及了机械化的农业生产工具。

同时，城市工业的发展也相应为农村劳动力向城镇转移提供了更多的就业岗位。1960—1970年10年中，从农业中转移出的劳动力就达600多万人，平均每年从农业中转移出的劳动力达60万人。据统计，从20世纪50年代中期到70年代初，从事农业生产经营人数就由1600多万人降到了1000万人左右，约600多万人口转移出了农业生产领域。到20世纪70年代中期，农业生产经营领域的就业比率就降到了13%；到20世纪90年代末期，进一步下降为5%左右，而服务业领域的就业人员比率则提高到了63%以上。

20世纪末至今：农业现代化水平不断提高阶段，"有机农业""生态效益农业""绿色农业"等现代农业模式提高农业现代化水平，农业物联网技术、完善的农业市场信息服务助推农业现代化。

4. 以色列、荷兰以高新技术为引领开创现代农业

在先天自然环境差的条件下，以科技创新为引领，重新塑造具有本国特色的现代农业。

（1）以色列农业现代化案例

建国初期，以色列在农业发展上，面临着种种困难，国土面积狭小，水资源奇缺，与邻国纷争不断，同时大量的外籍犹太移民涌入，导致粮食供应极度短缺。为了解决农业发展中的不利因素，以色列政府立足于粮食供应自给自足的目标，采取了一系列的举措，包括大力开垦荒地，将大片沙漠变为良田，到1953年，该国的农业耕地面积比1948年增加了1倍多。同时，为了解决农业发展中水资源短缺问题，政府大力发展水利事业，兴修供水管道，提高水资源利用率，促进水资源循环利用等，使得以色列农业得到了快速发展，农产品产量有了大幅提高，到1965年，粮食基本可以自给自足。以色列根据本国农业自然资源禀赋，大力发展节水技术、无土栽培技术、温室技术、光伏发电等农业高新技术，在提高农产品产量的同时，大大提高了农业生产效率。

从20世纪60年代中期开始，以色列的粮食及其他农产品的产量已经超出了国内需求。与此同时，以色列根据本国农业自然资源禀赋，大力发展节水技

术、无土栽培技术、温室技术、光伏发电等农业高新技术，在提高农产品产量的同时，大大提高了农业生产效率。在此背景下，以色列政府开始将农产品销售转向国际市场。为了迎合国际市场的需求，以色列开始对国内的农业产业结构做出调整，加大了果蔬、花卉等经济作物的种植，相应地减少了粮食作物的种植面积。此外，农业科技及推广机制也开始向果蔬、花卉等经济作物倾斜，政府加大了对这些方面的科研投入，积极培育各种良种，增加单位产量。

到了20世纪90年代中期，以色列农业就完全实现了现代化，其农产品已经在国际市场上占有一定的地位，这个阶段其农业发展任务就是继续扩大市场份额，提高农业的销售利润。以色列政府积极研究国际农产品市场变化，发展订单农业，以需求来锁定生产。此外，以色列政府还积极参与国外的农业开发，到巴西、俄罗斯、澳大利亚、加拿大等国家租赁土地，全程参与农业生产，将其先进的农业技术应用到农业开发中，获得了现代农业发展的最大利益。以色列的农业技术和农产品在世界上得到了广泛认可，其种植结构在市场的主导下得到了优化。以色列和许多国家建立了农业合作。以中国为例，1992年与以色列建交后，双方在农业领域开展了广泛的合作交流，如实施中国－以色列MASHAV农业培训，共建中国－以色列示范农场、中国－以色列旱区农业示范培训中心、南京－以色列农业科技园等，举行中国－以色列农业合作周。多种形式的农业合作为以色列农业的更好发展保驾护航，也有助于其他国家对以色列农业进行深入了解和学习。以色列在开放阶段，农产品出口逐年增长，从1990年的12.89亿美元增长到2012年的24.33亿美元，出口货物构成中农业原材料的比重呈现下降的态势，说明农业深加工的水平与层次比较高，农产品进口额是从1990年的11.97亿元增加到2012年的59.16亿元，农产品进口额与出口额都呈现增加的态势，说明农业产业结构不断地优化，运用良好的比较优势生产农产品。

（2）荷兰农业现代化案例

荷兰纬度较高，全国光照不足，平均仅1484小时，全年平均气温在8.5～10.9 ℃，对大田作物的生长有较大影响。荷兰全境为低地，24%的国土面积低于海平面，易受海潮入侵或河流泛滥的威胁。荷兰国土面积狭小，是世

第四章　典型国家农业农村现代化理论与实践

界上土地面积最小的国家之一，拓展农业生产的空间十分有限。

19世纪后半期，荷兰农业进入了严重的衰退期，为应对农业危机，荷兰政府坚持自由的贸易政策，主要通过提高生产要素的质量和利用率，改善投入品的供应和农产品的销售来提高产品质量，从而提高农业的国际竞争力。19世纪70年代各种农业合作社不断涌现，并得到快速发展。19世纪90年代，政府组织农业推广站，聘请专家巡回为农民提供咨询服务，并逐步发展成为一个分布普遍、结构完整、多方互动的大机构。民间私有化的各种技术咨询服务组织也不断地加入推广体系之中。至20世纪40年代末，荷兰农业合作社的数量达到3150个，涉及的行业主要包括信用业、农资采购业、农产品加工业及市场营销等各个领域。

20世纪60年代，荷兰政府以节约土地，提高土地劳动生产率为目的调整农业结构和生产布局，使农业生产向产业化、集约化和机械化发展，并投入了大量资金。利用空调、水耕等农业设备发展政府主导的设施园艺。初期的设施园艺是以花卉为中心，后来扩大到番茄、辣椒等果蔬类，通过设施化、工厂化、科技化，荷兰农业得到了迅猛发展。政府引进了温室栽培环境控制系统，农产品生产效率与稳定性大大提高，农业技术基础得到夯实。

随着20世纪90年代中期欧盟流通领域改革，零售市场趋于寡占化，有限的零售商拥有超强的购买力。以农产品的供需结合为目的的产地批发市场因失去了存在意义而陆续解散，面向大型零售商或集中向大零售商交货的大型批发商的农产品直销增加了。为适应大型零售商稳定而大量的需求，农场的经营规模不断扩大，农场数量趋于减少，农场的规模效益大幅提升。到1999年，荷兰农场数量已从1980年的14.5万家减少到10.2万家，而同期农产品净出口额从44亿多美元跃升到142亿多美元，居世界第1位。同时荷兰对农业知识创新体系进行了改革。通过合并，形成基础研究、战略研究、应用研究统一完整的农业研究体系，以保持荷兰农业研究在国际上的领先地位，构建了研究、推广和教育3个部分相结合的农业知识创新系统，即广为人知的三螺旋模式，集结了政府、企业与高校三方力量的合作模式。

第五章　典型国家科技创新推动农业农村现代化的做法与经验启示

典型国家农业农村现代化发展实践经验表明，由于资源禀赋及经济社会条件差异，不同国家现代化的道路具有不同的实现路径与发展模式，表现出不同的特点，但农业农村现代化进程中又具有许多共同的相似性。以美国、澳大利亚为代表的大规模农业类国家通过提升劳动生产率为核心实现农业农村现代化；以英国、法国、德国为代表的中等规模农业类国家通过促进产业融合、提升农产品价值链为核心实现农业农村现代化；以日本、韩国为代表的小规模农业类国家通过提升土地产出率为核心实现农业农村现代化；以色列、荷兰、瑞典等特色农业类国家通过突破资源瓶颈为核心实现农业农村现代化。为此，本章在前面国别分析基础之上，进一步提炼4类典型国家农业农村现代化发展特色，探寻典型国家农业农村现代化的共性特点与一般规律。他山之石，可以攻玉。中国的农业农村现代化进程正在进行中，这是人类历史上史无前例的伟大创举，典型国家农业农村现代化的成功经验必将对中国特色农业农村现代化道路提供有益的经验借鉴与启示。

一、典型国家农业农村现代化发展特色

1. 以提升劳动生产率为核心

以美国、澳大利亚为代表的国家地广人稀、人少地多，农场经营规模较大，以围绕提高劳动生产率为核心，依靠科技创新大力发展农业机械化、标准化、专业化和产业化生产，达到农业经营成本最小化、利润最大化目标。

一是通过规模化经营、专业化生产、机械化作业，突破劳动力资源限制大力提高农业劳动生产率。大规模农业类国家普遍人均占有耕地面积大，单位耕

第五章 典型国家科技创新推动农业农村现代化的做法与经验启示

地面积内的劳动生产力有限，农业机械化是提高劳动生产率的最佳路径。基于地理环境的大范围农业种植带有利于农业机械化作用的充分发挥，通过引入现代工业化、市场化的经营方式和管理理念，专业化的经营与产业化的发展为实现农业生产成本最小化、利润最大化奠定了坚实基础。如美国是全球最早农业生产机械化的国家，其农业生产力在工业机械大范围应用的推动下实现了第一次质的飞跃，确立了其在全世界范围内农业霸主的地位，其后历届美国政府都将农业视为国民经济命脉，通过金融、财政、税收等多项政策手段保障农业产业的快速发展。在澳大利亚，农业机械的智能控制在农用航空、耕作保护技术等方面广泛应用，从畜牧生产到大田作物种植，农业生产的专业化、集约化都达到了很高的程度，针对农业生产的不同品种、不同环节、不同阶段和不同特点分别建立和发展了各种类型的专业化服务机构、公司和组织，显著提升了农业劳动生产率。

二是通过智能农业、精准农业等科技创新模式，发展农业高新技术产业持续提升农业劳动生产率。发展农业科技始终是大规模农业类国家的制胜法宝，科技创新作为引领农业产业走向高端发展的关键环节一直发挥着至关重要的作用。在农业机械化大范围普及的前提下，大规模农业类国家要保持比较优势，持续提升农业劳动生产率，只有依靠不断发展农业高新技术提升农业科技含金量。例如，美国一直非常注重发展以基因工程、细胞工程、生物工程、酶工程为代表的新型农业生物技术，以智能机械装备、精准农业技术为代表的新型工业和信息技术，并首次将信息技术与农业生产全面结合创新发展"精准农业"，高水平降低了农业生产成本，显著提升了生产效率与农产品国际竞争力。澳大利亚则注重把农业科技创新与农业生产的实际需求相结合，同时加大科技创新人才的培养与扶持力度，通过结构合理的科研投入持续培育优势农业生产力，以保持强劲的国际市场竞争水平。

2. 以促进产业融合、提高农产品价值链为核心

英国、法国以中小规模农场经营为主，农业产业链条发展相对完善，农业与二三产业的高度融合为农产品附加了较高的经济价值，因地制宜的特色化发

展不仅带动了农业产业的转型升级，也推动了区域创新经营主体的多样化发展。

一是发展休闲农业、理性农业、生态农业等特色功能型农业，优化调节区域性资源配置将农业产业链条引向纵深。中等规模农业类国家属于中度资源禀赋的农业发展模式，农业发展既要提高土地产出率也要不断提升劳动生产率，在规模化发展并不能充分释放农业产业潜力的前提下，要想走出一条高质量发展之路就必须因地制宜、另辟蹊径。英国的休闲旅游农业、法国的现代理性农业无不是在欧洲农业政策区域一体化影响下成功的先试典范。政府通过优化政策措施积极营造农业产业发展环境，例如，英国改组成立环境、食品与乡村事务部，增加农村基础设施投入，并且开展农业生态环境保护项目，促进农业与旅游产业的深度融入；法国提出了建设"兼顾经济、环保和社会效益，可持续发展的多功能农业"目标，成立理性农业和农场资质全国委员会，全方位一体化实施理性农业发展模式。

二是发展农业合作社等多种形式的中介服务组织，构建支撑农业全产业链的一体化串联式服务体系。中等规模农业类国家在促进农业三产纵深融合过程中，一直非常注重农业中介服务体系的建设，农业合作社作为其中重要的组成部分一直发挥着不可替代的作用。农业合作社广泛开展购销、加工、运输、信贷等多项经营服务活动，始终与农业产业的各项经营活动紧密相连，合作经济已发展成为支撑国家经济发展的重要力量。英国的农业合作社规模大、信誉好，享受所得税免除、低息贷款等多项优惠政策，为农场提供产前生产资料供给、产中种植技术支持和产后市场信息服务，较强的规模优势有效降低了信息沟通与物流交易成本；法国农业合作社呈现多元化与层次化的特点，通过全国性组织、地区性组织和基层组织三级管理，对整个合作组织的活动加以协调，从而促进了农工商一体化的理性农业迅速发展，为提高生产水平、技术水平和经营水平创造了条件。

3. 以提高土地产出率为核心

日本、韩国农业资源禀赋差，以分散式小规模家庭经营为主，劳动生产力老龄化严重，提高土地产出率，解决小规模经营与大市场的矛盾成为这类国家

第五章　典型国家科技创新推动农业农村现代化的做法与经验启示

农业现代化发展的主要目标。

一是通过优化社会化服务体系突破小规模经营瓶颈，实现小农户与大市场的有效链接。小农户自主开展农产品生产、加工、储存、运输和销售等链式环节的对接成本较高，农业产业发展壮大需要建立健全多元化无缝支撑服务。通过大力开展各项社会化服务事业，可以实现小农户分散经营与大市场集中交易的有效链接。日本农业协同组织体系完善，主要包括基础农协和全国联合组织两大部分，其中，全国联合组织在国家农业政策的制定中具有一定话语权，在提高小农户组织化程度、保护自耕农利益、调节农产品市场供需、保障国家粮食安全、维护农村繁荣和稳定等方面都发挥了积极的作用；韩国农协是受国家委托行使保障和维护农民权益的公共权力机构，分为中央农协和设在乡镇的基层农协两个层次，整体采用一元化的综合农协体制经营，一方面，贯彻各项国家的农业支持政策；另一方面，代表小农户争取更佳的优惠倾斜，综合提高小规模农产品的市场竞争力，保证农业农村经济与国民经济协调发展。

二是依托科技创新推动传统农业转型升级，发展高附加值、创意型精致农业提高综合农业产值。小规模农业类国家借助农业高新技术不断提升农产品品质水平与科技含量，以特色化布局、标准化生产、产业化经营为主要抓手，开展精致性的农业生产资源调配，增加农业经济效益，均衡农产品生产，提高农民所得，在一定区域范围内实现高质量、高效益、高水平的综合性农业产业体系发展。日本开展"一村一品"运动帮助农村发展特色产业，充分利用本地资源优势，因地制宜，挖掘可以成为本地区标志性的、具有当地特色的产品或服务，重点抓产地建设、基础建设、培育品牌、培养人才4个环节，极大地提高了日本农业在国内外市场的知名度，增加了农业收入；韩国最初开展新村运动是为了改善农村生活环境、增加农民收入，随着改革的不断深入，农业资源高效利用技术逐渐在带动地方特色产品发展上显现出强劲优势，政府适时推出"农渔村结构改善计划""大规模综合农业开发计划"等，对引导科学种田、增加优质农地供应、扶持农产品加工和完善农产品流通亦有积极作用，实现了区域性农产品深加工一体化整合。

4. 以突破资源瓶颈为核心

以色列、荷兰和瑞典的自然禀赋局限性大、先天资源优势不足，通过大力发展农业科技创新取得了现代农业产业发展的瞩目成绩。以色列、荷兰人口稠密，人均耕地面积较小，自然资源贫乏成为制约农业发展的主要矛盾，如以色列气候干燥、干旱缺水，荷兰土地耕地面积世界最小。

自然资源的约束对农业生产率的提高、农业经营规模的扩大、农业产业的结构调整等方面都有着很强大的制约作用。在这样的背景下，依托科技创新引导资源型农业向科学型农业转变，发展资源节约型生态农业，成为各国农业发展战略的优先选择。以色列积极调整农业产业结构，从以粮食生产为主逐步转向发展高质量花卉、畜牧业、蔬菜、水果等出口创汇农产品和技术服务，通过高科技和现代管理手段不断提高农业效益，建成了一整套符合国情的节水灌溉、农业科技和工厂化现代管理体系，形成了独具特色的高投入、高科技、高效益、高产出的现代产业；荷兰依靠世界领先的玻璃温室技术和太阳能发电等技术，建立了世界一流的设施农业和精准农业系统，并通过家庭农场的规模化经营解决了土地资源短缺的问题，发展订单农业实现了农户与市场的高效衔接，成为科技型农业发展的典范。

二、典型国家农业农村现代化发展共性经验借鉴

1. 注重战略谋划，分类施策，为农业农村现代化提供法律与政策保障

有效的农业政策是提升农业竞争力的关键，也是适应经济全球化的需要。国际经验表明因势利导的农业发展政策是顺利实现农业现代化，保持国民经济持续协调发展的必要条件。

一是完善的农业法律体系提供立法保障。美国、日本和欧盟各国均制定了完善的农业法律法规体系，如限耕限产、贸易保护等，对本国的农业发展、农民增收等实行政策保护和支持。

二是因地制宜，因时而异，分类施策，完善农业补贴制度为农民解除后顾

第五章 典型国家科技创新推动农业农村现代化的做法与经验启示

之忧。美国的农业补贴种类繁多，几乎覆盖所有农产品，同时为适应经济不同阶段发展要求，农业补贴的重点及方式随之不断调整。20世纪60年代到80年代，注重对农村发展和环境保护进行补贴；20世纪80年代，降低政府对农业的补贴，并研究制定土地储备保护计划；21世纪初期，推行直接支付、反周期支付和收入补贴政策及信贷和风险管理措施，并注重加强对水资源和土地的管理。

2. 建设高效农业科技创新体系，为农业农村现代化提供坚实的创新能力支撑

农业科技创新体系是提升农业科技水平，推动现代农业发展的重要科技支撑。典型发达国家，立足本国农业资源禀赋，围绕农业科技研发、推广和应用，搭建具有本国优势和特色的农业科技创新体系。

美国农业科技创新体系主要由科研机构、大学、企业、农场主等组成，其中，研发主体主要包括科研机构、大学、企业；推广主要包括大学、推广机构；应用的主体主要是农场主。该体系主要实现三个职责，一是通过法律保障，促进农业科技创新；二是保证经费投入，多渠道筹措资金；三是重视科技人才培养，提升农民素质。

日本农业科技创新体系主要由国立与公立科研机构、大学和企业4个部分组成，农业科技推广则采用国家政府与民间农协相结合的双层组织结构，两者既相对独立又密切协作。日本农业科技应用系统主要由农户和农业企业组成。日本通过政策扶持，营造环境，创建灵活、高效的科研管理机制，加强官产学研密切合作，搭建合理、协作的运行机制建设农业科技创新体系。

荷兰将农业科技研发、推广和教育协同发展，形成农业科技创新的三角架构，构建全国性的农业科技创新体系网络。注重引入市场机制，将农业科研机构和推广机构推向市场，增强研究、推广的专业性和市场竞争力。农业科技推广服务机构则采取有偿服务方式提供专业化技术服务。

3. 强化农业基础和前沿技术研究，为农业农村现代化提供强大的引领作用

高新技术是现代生产力中最具活力的因素，高新技术产业是世界经济中增长最快和最具发展前景的行业。用高新技术改造传统农业，正在成为世界大多数国家和地区农业发展的主流。

美国始终将生物技术作为高新技术产业发展的重中之重，并在全球一直处于领跑地位。一是研究制定生物技术战略规划。设有专门的生物技术委员会，动态跟踪生物技术发展，专题研究生物技术发展方向。二是营造生物技术发展环境。在法律层面，加强对生物技术的知识产权、技术转让、技术扩散等的保护，提高研发积极性。三是建立生物技术多元投资渠道。长期以来，美国政府注重不断加大对生物技术基础研究的研发投入力度。四是整合资源合作研发。构建由政府、企业、科研机构和大学构成的联合研发机制，整合优势资源力求生物技术取得重大突破。

英国关注人工智能产业发展，先后投入大量资本、科研力量，加快人工智能技术与产业化发展。一是资助人工智能研发。英国工程与物理科学研究委员会（EPSRC）围绕智能技术和系统研发，先后资助近150个相关科研项目。二是集聚人工智能产业。英国大部分人工智能公司集中在"伦敦—牛津—剑桥"地区。伦敦是英国人工智能创业公司和中小企业的核心地区之一，在英国排名前50位的人工智能公司中，80%位于伦敦；牛津依托当地良好的科研优势，拥有深蓝实验室和DiffBlue等机构和企业；剑桥的人工智能初创型企业比较多。三是增强人工智能科研产出。长期以来，英国拥有并保持着较强的人工智能科研实力。牛津大学、剑桥大学、帝国理工学院及伦敦大学学院等在人工智能基础研究，尤其是机器学习领域形成了深厚的科研积累。2011—2015年，英国发表的人工智能学术论文数量排在全球第四，位列中国、美国和日本之后。从论文引用率来看，英国的研究质量超过中国，略逊于美国，排名第二。

4. 搭建农业产业科技创新平台,加快成果转化与产业化,为农业农村现代化不断注入新动能

现代农业科技园区是集科技研发、成果孵化、示范推广及农业资金为一体的农业发展新型模式。20世纪70年代,以色列、日本和美国等国家纷纷建立集示范、推广、旅游和教育等功能于一体的农业科技园区,其发展模式是向农业生产主体展示先进的农业设施、高新技术及新的生产模式。

以色列针对干旱、少雨、沙漠化的现状,加强高效节水农业、循环农业技术研究展示,并建立高效节水生态农业园区。一是建设集水设施。引导鼓励各个农业科技园区最大限度收集储存雨水。二是加强节水灌溉技术研发。构建科学完善的节水系统,不断提升其节水水平。三是加大废水循环处理技术研发。研发将城市及工业用过的废水经处理,变成农业灌溉的循环用水。除了资金支持外,以色列的相关法律明确规定,节水制度与农产品销售挂钩,农产品的最终价格与节水多少有直接关系。经过几十年的探索,以色列实现了农业自给,并开始大量出口农产品。

荷兰针对农业资源缺乏的现状,建立农工商一体化型设施农业园区。园区基础是设施农业,通过设施农业的市场化运作,保证其生产、经营及运行完全是市场化行为,在农产品销售、加工、资金筹集等方面为农户提供服务,保证设施农业运作的专业性和单一性,最终形成了高度集约化、专业化、分工化的农业生产体系。

5. 构建农业人才培育体系,为农业农村现代化提供充足的人才保障

培育高素质、具有高度社会认同感的职业农民是促进农业现代化发展的突破口。发达国家普遍采取多种措施建立完善的农业人才培育与支持政策体系,为农业农村现代化提供人才保障。

一是发展职业农民教育。发达国家通过立法保证职业农民教育的发展,把农民职业教育定位为公益性行为,在发挥政府拨款主渠道作用的同时,从多方面筹集经费,确保职业农民教育的优先发展,受教育的农民个人一般不用交费

甚至还能得到一定的学习补助。法国为农民在参加培训期间补贴工资，政府对农民职业教育培训的拨款额要与对高等农业教育的拨款额相当；英国规定凡是参加职业教育培训的农民，每天给予生活补助，同时保证农业职业教育培训与上岗就业、产业发展和市场需求紧密联系，培养的技能人才具有很高的职业适应力、产业推动力。

二是建立多层次农业教育体系。为培养高素质的农业科技人才，提高农业科技创新能力和科技推广效率，发达国家普遍建立了高等教育、中等教育、继续教育和农技推广多个层次互相衔接的农民教育培训体系；建立了专门的政府管理机构和专门的职业农民培训机构，形成多层次、多形式的培训机构网络，广泛设立农民培训中心、培训农场、农业函授学校、农村青年俱乐部、农村教育网、农业刊物等。多层次的职业农民培育管理体系，保证农业发展对各层次人才的需求。

三是实行农民职业准入制度。英国农民职业教育培训体系以获得学位证、毕业证、技术证为达标目的。法国职业农民教育中有一套严密的文凭晋升机制和农业经营准入制度，规定在农业职业技术学校学习一年，可获得农业职业资格证书并取得上岗资格。

6. 健全农业科技社会化服务体系，为农业农村现代化提供服务保障

农业社会化服务体系是现代农业发展不可缺少的组成部分，也是衡量国家农业现代化的重要标准。发达国家的农业社会化服务体系完善且运作效率较高，具有较强的专业性与公益性，在农业农村现代化的发展中起到重要作用。

美国建立以大学为依托的社会化服务体系。美国农业社会化服务体系主要由公共农业服务系统、合作社农业服务系统与私人农业服务系统3个部分构成。公共农业服务系统负责组织农业教育、科研与推广，为农业提供最基本的服务；合作社农业服务系统为农户提供购买、销售、信贷、技术、灌溉、运输、仓储、电力、电话等服务；私人农业服务系统一般通过与农民签订合同的形式将服务送到农民手中，以从中赚取利润。"公司+农场""公司+农户"与

第五章　典型国家科技创新推动农业农村现代化的做法与经验启示

合作供销是美国农业社会化服务的 3 种形式。"公司+农场"主要服务农产品加工销售环节;"公司+农户"既可服务生产资料购买,也可服务农产品加工销售;合作供销主要是由各种类型的农业合作社提供采购、销售、物流、信用合作等服务。

日本实行以政府和农协为主的社会化服务体系。农协是日本规模最大、影响最广的农村综合性合作社,大概有 99% 的农户都加入了农协。提供的服务内容:一是农业生产资料的供应服务。由农协代表农民,与供应商谈判购入生产资料,并按购入价格卖给农户。二是农产品流通服务。农协承担着农产品流通的职能,农协负责农产品的统一市场销售。三是农业金融服务。农协设有自己的信用合作社,通过吸收存款的方式为农户提供低息贷款。除了信贷服务之外,日本农协还为农民提供农业保险服务。

第六章　面向新时代的农业农村现代化评价指标体系与模型

县（包括县级市）是国民经济最基本的运行单元。据统计，中国2000多个县的生产总值占全国国内生产总值的一半以上，土地面积占国土总面积的90%以上，人口占全国总人口的80%以上（辛岭 等，2014）。县域经济的发展对国家经济发展的全局产生重要影响。县域经济的基础是农业与农村经济，农业现代化建设在促进县域经济发展中具有重要地位，发挥着重要作用。因此，本研究选择从县域尺度构建中国农业农村现代化评价指标体系，全面客观地评价分析县域农业农村现代化发展水平，不仅可以反映出中国不同地区农业农村现代化发展状况，还能够查找出地区农业农村发展质量好坏和速度快慢的根源。

加快农业农村现代化，实现乡村振兴，关键在县域、难点也在县域，中国县域农业农村发展存在明显的差异，因此，科学、合理地制定县域农业农村现代化评价指标，可以准确量化评价县域农业农村现代化发展水平，准确把握中国县域农业农村发展程度和发展潜力，对于支撑中国县域农业农村发展规划制定和顶层设计，推动县域农业农村现代化具有重要意义。

一、评价方法和模型

1. 评价方法

农业现代化综合水平评价的客观性与公平性在很大程度上取决于评价方法的科学性。因此，选取科学、客观的评价方法至关重要。中国农业科学院农业

第六章　面向新时代的农业农村现代化评价指标体系与模型

经济与发展研究所的辛岭等（2010）利用专家评价法和层次分析法建立农业现代化综合水平评价模型，对改革开放以来（1980—2008 年）中国农业现代化发展水平进行了定量测算。这两种测算方法简要介绍如下。

（1）专家评价法

请专家根据经验确定各级指标的权重和各基础指标的标准值，以及优化方向，然后进行归一化处理，加权累加，从而计算出各级指标的量化值。这种方法虽然难免会有一定的主观随意性，但是，若能收集到大多数专家的意见，经过正确的统计处理，就会降低主观随意性的干扰。所以，它是目前农业经济科学研究常用的评价方法之一。

（2）层次分析法

层次分析法（AHP 法）是把复杂问题分为若干有序的层次，然后根据对一定客观现实的判断，就每一层次各元素的相对重要性给出定量数值，构造判断矩阵，通过求解判断矩阵的最大特征根所对应的标准化特征向量，计算出每一层次元素相对重要性的权重值，进而利用加权算术平均法算出最终结果。这种方法将归纳法和演绎法结合成一个完整的逻辑体系，克服了专家评价法的主观随意性，是一种比较先进并广泛运用的方法。

2. 评价模型

辛岭等（2010）在如上所述的农业现代化综合水平评价指标体系和对各项指标进行层次分析的基础上，构建了农业现代化综合水平评价模型组。该评价模型组合包括农业现代化综合水平测评总模型（AT）及其分模型。属于一级子系统模型的有：农业投入子系统模型 B_1、农业产出子系统模型 B_2、农村社会发展子系统模型 B_3 和农业可持续发展水平子系统 B_4。农业现代化综合水平评估模型组的构成和数学表达式如下：

$$AT_t = W_1 B_1 + W_2 B_2 + W_3 B_3 + W_4 B_4 = \sum_{i=1}^{n} W_1 B_1 。 \quad （6-1）$$

其中，B_i 为一级子系统指数，W_i 为各级子系统权重，T_t 为评价区域，t 为时期。

3. 指标的标准化方法

指标的标准化方法根据研究目的和实际分析需要不尽相同，例如，杜萍在江苏省新农村建设评价中通过正态化方法将指标值转化为 0~1 区间的数值，又如，杜国明在研究黑龙江省农业现代化评价中，根据指标值与参考值比值的不同范围，采用不同的标准化公式。

鉴于中国地域辽阔，资源环境、社会经济状况千差万别，辛岭等认为，采用极值标准化法对多个县进行横向比较评价，可以避免由于某个指标评定系数过高使得评价结果失真，或指标差距过大而导致某项指标作用被过度夸大的问题。该方法在联合国开发计划署计算人类发展指数 HDI 时已经得到成功应用。因此，采用这种标准化方法来测算中国县域的农业农村现代化水平的差距，比较适合。

二、评价指标选取原则与遴选

1. 评价指标来源

进行农业农村现代化水平的县域比较，需要收集国内各省、市、县的大量数据资料，数据需求庞杂。为了兼顾数据的可得性和统计方法的一致性，优先使用国内权威机构的成套数据。主要的数据来源有《中国统计年鉴》《中国农村统计年鉴》《中国农业年鉴》，以及生态环境部、工业和信息化部、国家统计局、地方农业局、住建部等官方网站公布的数据。

2. 评价指标选取原则

农业农村现代化评价评价指标选择遵循以下几个原则。

①系统性：全面考虑农业现代化所涉及的各个方面及其内在联系，全面体现农业或农村现代化发展现状。

②综合性：农业现代化是一项包括社会、经济、生态成分在内的系统工程。因此，农业现代化指标体系在指标数量上不能太少，在指标涵盖内容上不能太小，在指标内容上不能太窄。综合性原则要求从农业现代化的主要方面确

第六章　面向新时代的农业农村现代化评价指标体系与模型

定主要指标，全面而准确地反映农业现代化的实质内容和发展水平。

③重点性：重点体现现代农业发展水平。突出现代农业发展中的生产手段、生产条件、技术水平、社会化服务状况、劳动生产率、土地生产率和市场化、商品化的发展水平。

④代表性：能够反映各地农业或农村现代化发展的内容。

⑤可比性：指标设置要符合各地的实际，指标设定既要考虑可在不同时期阶段进行一定的比较，也要确保数据的可得性与可操作性，对不易获得数据的指标应尽可能少设或不设。

⑥导向性：指标的设置不仅要考虑适用于对过去农业现代化发展检验的需要，对未来有重要影响的一些方面也要有所考虑，从而有利于引导农业和农村工作，推进农业现代化进程。

⑦易操作性：首先，指标应简单明了，有信息基础。即最好选用现有统计资料中相对成熟和公认的指标，保证指标含义清晰，涉及统计范围明确，数据的收集和处理要方便。其次，指标要精练，以避免因陷于过多细节而不能把握农业现代化的本质，从而影响评价的准确性。

⑧兼顾性：由于农业现代化的研究对象不仅包括农业生产系统，还包括为农业提供支撑的"环境"系统，这两个方面实际上是由不同划分标准和参照系所构成的一个整体。因此，现代化指标体系要反映以农业为基础、适当兼顾农村主要方面的内容，但要避免指标设置上农业方面太细太专而农村方面过宽过广的情况出现，因此，指标设置要有所约束，体现农业和农村之间的兼顾性。

3. 评价指标遴选

通过对现有农业农村现代化评价指标体系进行书籍和文献资料检索调研，并座谈咨询相关领域专家进行初步筛查后，形成了包含产业兴旺、生态宜居、乡风文明、治理有效、生活富裕5个一级指标和115个二级指标的指标库，其中，一级指标产业兴旺含二级指标46个，一级指标生态宜居含二级指标29个，一级指标乡风文明含二级指标16个，一级指标治理有效含二级指标6个，一级指标生活富裕含二级指标18个。

基于已建立的农业农村现代化评价指标库，选择来自国务院发展研究中心、生态环境部环境与经济政策研究中心、中国农业大学经管学院、中国农业大学人文发展学院、农业农村部农村经济研究中心、中科院地理所、尚农智库等不同部门从事农业农村现代化研究领域权威专家7人，召开现场研讨会，按照指标的选取原则，遴选出农业现代化评价指标27项（表6-1）。

表6-1 二轮会议初选27项指标

序号	一级指标	二级指标
1	产业兴旺	农业劳动生产率
2		土地产出率
3		农业机械化率
4		节水灌溉率
5		农村企业产值占总产值比例
6		农村居民参加合作社组织化率
7		三品一标产品占农产品产值比重
8		农业（村）企业大学以上从业人员比例
9	生态宜居	农村人均道路面积
10		农村万人医疗机构床位数
11		农村生活垃圾无害化处理率
12		农村污水处理率
13		农村清洁饮用水普及率
14		农村互联网普及率
15		农村空气质量指数
16		农村地表水水质
17		农村绿化覆盖率

第六章 面向新时代的农业农村现代化评价指标体系与模型

续表

序号	一级指标	二级指标
18	乡风文明	农村居民人均受教育年限
19		农村居民文化娱乐消费支出
20	治理有效	党支部建设合格率
21		三务（基层党务、政务、村务）公开率
22		农村居民万人刑事案件发生率
23	生活富裕	农村居民人均可支配收入
24		城乡收入比
25		农村居民人均医疗保险支出比例
26		农村居民恩格尔系数
27		农村人口贫困发生率

三、农业农村现代化评价指标体系

1. 指标体系

"农业劳动生产率"和"土地产出率"都是反映农业生产力水平的重要指标，根据得分数选择了分数高的"农业劳动生产率"指标。"农业（村）企业大学以上从业人员比例"因与反映乡风文明的指标"农村居民人均受教育年限"在内涵上有重复，同样都能反映农业农村从业人员素质，选取了更具代表性的"农村居民人均受教育年限"，并将其单独归类到乡风文明指标中。"农村污水处理率"和"农村地表水水质"两个指标得分相等，但其内涵上存在一定的因果关系，从直接反映环境质量优劣的角度出发，选取了"农村地表水水质"作为评价生态宜居的二级指标。"农村60岁以下常住人口比例"这一指标能够深刻反映农村发展活力和整体治理水平，专家建议追加该指标，用于反映乡村治理水平，因此，在遴选指标基础上构建15项评价指标（表6-2）。

表 6-2 经专家打分论证选定的 15 项指标

序号	一级指标	二级指标
1	产业兴旺	农业劳动生产率
2		农业机械化率
3		农村企业产值占总产值比例
4		三品一标产品占农产品产值比重
5	生态宜居	农村生活垃圾无害化处理率
6		农村清洁饮用水普及率
7		农村地表水水质
8	乡风文明	农村居民人均受教育年限
9	治理有效	农村居民万人刑事案件发生率
10		农村 60 岁以下常住人口比例
11	生活富裕	农村万人医疗机构床位数
12		农村居民人均可支配收入
13		农村居民人均医疗保险支出比例
14		农村居民恩格尔系数
15		农村互联网普及率

2. 县域农业农村现代化评价模型

基于上述研究结果，构建包括产业兴旺等 5 个一级指标和农业劳动生产率等 15 个二级指标的评价指标体系模型如下：

$$AT_t = W_1B_1 + W_2B_2 + W_3B_4 + W_4B_5 + W_5B_5 = \sum_{i=1}^{5} W_iB_i \quad (6-2)$$

其中，B_i 为一级子系统指数，W_i 为各级子系统权重，AT_t 为评价区域，t 为时期。

以下分别对 5 个一级子系统模型进行阐释：

①一级子系统"产业兴旺"测评模型 B_1，含 4 项二级指标，分别为农业劳动生产率 C_{11}、农业机械化率 C_{12}、农村企业产值占总产值比例 C_{13}、三品一标产

第六章 面向新时代的农业农村现代化评价指标体系与模型

品占农产品产值比重 C_{14}。

$$B_1 = W_{11}C_{11} + W_{12}C_{12} + W_{13}C_{13} + W_{14}C_{14} = \sum_{i=1}^{4} W_{1i}C_{1i}。 \quad (6-3)$$

②一级子系统"生态宜居"测评模型 B_2，含 3 项二级指标，分别为农村生活垃圾无害化处理率 C_{21}、农村清洁饮用水普及率 C_{22}、农村地表水水质 C_{23}。

$$B_2 = W_{21}C_{21} + W_{22}C_{22} + W_{23}C_{23} = \sum_{i=1}^{3} W_{2i}C_{2i}。 \quad (6-4)$$

③一级子系统"乡风文明"测评模型 B_3，含 1 项二级指标，为农村居民人均受教育年限 C_{31}。

$$B_3 = W_{31}C_{31}。 \quad (6-5)$$

④一级子系统"治理有效"测评模型 B_4，含 2 项二级指标，分别为农村居民万人刑事案件发生率 C_{41}、农村 60 岁以下常住人口比例 C_{42}。

$$B_4 = W_{41}C_{41} + W_{42}C_{42} = \sum_{i=1}^{2} W_{4i}C_{4i}。 \quad (6-6)$$

⑤一级子系统"生活富裕"测评模型 B_5，含 5 项二级指标，分别为农村居民人均可支配收入 C_{51}、农村万人医疗机构床位数 C_{52}、农村居民人均医疗保险支出比例 C_{53}、农村居民恩格尔系数 C_{54}、农村互联网普及率 C_{55}。

$$B_5 = W_{51}C_{51} + W_{52}C_{52} + W_{53}C_{53} + W_{54}C_{54} + W_{55}C_{55} = \sum_{i=1}^{5} W_{5i}C_{5i}。 \quad (6-7)$$

综合式（6-2）至式（6-7）可得：

$$AT_t = \sum_{i=1}^{5} W_i B_i = W_1 \sum_{i=1}^{4} W_{1i}C_{1i} + W_2 \sum_{i=1}^{3} W_{2i}C_{2i} + W_3 \sum_{i=1}^{1} W_{3i}C_{3i} + W_4 \sum_{i=1}^{2} W_{4i}C_{4i} + W_5 \sum_{i=1}^{5} W_{5i}C_{5i}。 \quad (6-8)$$

3. 评价指标赋权

合理地确定各项指标的权重，是进行县域农业农村现代化发展水平评价的关键。本书采取现代化研究常用的专家评分法确定各级指标的权重。综合考虑了研究领域全面性、工作经验丰富性、行业内认知度高等因素，选择了 20 位资深专家进行了问卷调查，通过电子邮件方式发放，专家独立填写，互不交流影响，回收问卷16份。将专家打分的平均值作为本指标体系的相应权重。各一级指标和二级的指标的赋分值见表6-3。

表6-3 农业农村现代化指标赋权评分

序号	一级指标	评分	二级指标	评分
1	产业兴旺	$W_1=30.38$	农业劳动生产率 C_{11}	$W_{11}=32.31$
2			农业机械化率 C_{12}	$W_{12}=21.31$
3			农村企业产值占总产值比例 C_{13}	$W_{13}=24.38$
4			三品一标产品占农产品产值比重 C_{14}	$W_{14}=22.00$
5	生态宜居	$W_2=19.69$	农村生活垃圾无害化处理率 C_{21}	$W_{21}=34.56$
6			农村清洁饮用水普及率 C_{22}	$W_{22}=34.94$
7			农村地表水水质 C_{23}	$W_{23}=30.50$
8	乡风文明	$W_3=11.63$	农村居民人均受教育年限 C_{31}	$W_{31}=100.00$
9	治理有效	$W_4=12.69$	农村居民万人刑事案件发生率 C_{41}	$W_{41}=51.88$
10			农村60岁以下常住人口比例 C_{42}	$W_{42}=48.13$
11	生活富裕	$W_5=25.63$	农村居民人均可支配收入 C_{51}	$W_{51}=31.88$
12			农村万人医疗机构床位数 C_{52}	$W_{52}=16.38$
13			农村居民人均医疗保险支出比例 C_{53}	$W_{53}=17.63$
14			农村居民恩格尔系数 C_{54}	$W_{54}=19.13$
15			农村互联网普及率 C_{55}	$W_{55}=15.00$

指标的标准化：

由于各指标的含义不同，指标值的计量单位不统一，为了能使各种指标数据进行整合便于比较，必须对指标数据进行标准化处理。本研究采用极值标准化法。具体计算公式为：

$$P_{ij}=\frac{C_{ij}-C_{\min}}{C_{\max}-C_{\min}}。 \qquad (6-9)$$

第六章　面向新时代的农业农村现代化评价指标体系与模型

其中，P_{ij} 为指标的标准化值，C_{ij} 为指标数值，$C_{\max}$ 为指标的最大值，$C_{\min}$ 为指标的最小值。因此，在计算农业农村现代化指标时，需要将指标进行标准化，用 P_{ij} 取代 C_{ij}，代入公式计算。

将标准化值及权重分值代入式（6-8）可得：

$$\begin{aligned}AT_t =\ & 30.38\% \times (32.31 \times P_{11} + 21.31 \times P_{12} + 24.38 \times P_{13} + 22 \times P_{14}) \\ & + 19.69\% \times (34.56 \times P_{21} + 34.94 \times P_{22} + 30.50 \times P_{23}) \\ & + 11.63\% \times 100.00 \times P_{31} \\ & + 12.69\% \times (51.88 \times P_{41}^* + 48.13 \times P_{42}) \\ & + 25.63\% \times (31.88 \times P_{51} + 16.38 \times P_{52} + 17.63 \times P_{53} + 19.13 \times P_{54}^* \\ & + 15.00 \times P_{55})_{\circ} \end{aligned}$$

（6-10）

其中，为将 P_{41}、P_{54} 转化为正向指标，分别采用 P_{41}^*、P_{54}^* 代替 P_{41}、P_{54}，换算关系为：$P_{41}^* = 1 - P_{41}$；$P_{54}^* = 1 - P_{54}$。

本评价指标体系中评价结果 AT_t 数值理论范围为 0~100 分。分值越高表明农业农村现代化水平越高，分值与现代化发展程度的对应关系还需要在具体评价过程中再予以确定，本研究中不再继续深入。

第七章　农业农村现代化科技创新趋势与重点任务

世界农业农村现代化发展历程中的共性经验是高新技术引领，紧跟农业产业科技创新前沿技术发展趋势，了解相关基础研究、应用基础研究和共性关键技术的发展方向和发展阶段，对有力支撑农业农村现代化有重要意义。现代种业与分子设计育种、全生命周期精准营养与食品智造、智能农机装备制造、绿色农业高新技术是实现农业农村现代的4个前沿及重点领域，本研究通过密集文献追踪和专家座谈，开展了科技创新发展趋势分析，阐述产业发展趋势和前沿技术，为进一步支撑产业科技创新布局提供战略参考。

一、前沿领域与主要趋势

1. 现代种业与分子设计育种

种业是农业的芯片，是落实"中国人要把饭碗端在自己手里，而且要装自己的粮食"战略的核心，是全面提升农产品加工原料品质、促进国民营养健康水平、优化农业生产结构的关键抓手，是贯彻"藏粮于地，藏粮于技"，链接农业全产业链，提升中国农产品生产效率、产品品质，优化农业生产可持续性的核心产业。重视并加快发展种业相关技术，对提升中国种业产业主体竞争能力，缩小国内外种业产业科技水平差距，支撑现代农业发展，保障粮食安全和产业安全，焕发产业主体活力具有重大意义。

种业现代化包括种业全产业链的每一个环节，现代种业的科技创新包括种质创新、品种选育、种子生产、种子加工等，涉及种质资源收集与保藏、基因编辑、性状发掘、栽培生产等不同领域技术。伴随着中国农业的发展，中国

第七章　农业农村现代化科技创新趋势与重点任务

种业科技创新经历了由各自为政到全国一盘棋、由依托经验到科技引领，创新能力、创新人才、创新平台由弱到强。当前种业科技正以 CRISPR/Cas9 为代表的新一代基因编辑技术为引领，以更短周期选育品质更好、抗病虫抗逆效果更优、养分利用更高效的新品种；同时，通过发掘作物重要性状、解析功能基因、结合育种目标、开发广适性的遗传转化体系，能够进一步加速新品种选育效率，有力支撑现代种业发展。当前现代种业的发展趋势有如下特征：

一是市场开放加速产业主体提升竞争水平。改革开放以来，种子从地域管控的生产资料，转变为可流通的商品，极大地推动了中国种子到种业的发展，种子商品化率逐年快速提高，种子产业主体开始形成。2000 年《种子法》颁布施行，中国通过政企分开、事企脱钩、逐步开放等一系列重大举措，打破了种子管理机构独家经营种子的体制藩篱，推动中国现代种业快速发展，种业产业主体快速增加并开始壮大。至 2015 年经过一系列市场竞争，中国持证种子企业从 2011 年的 8700 多家下降至 4660 家，行业整合度显著提升，经过市场磨砺，产业主体竞争水平显著提升，不仅占据了一定的市场份额，还发展出能够提供全链条技术服务的服务能力。并依托"一带一路"倡议，结合国家"走出去"号召，中国排名前十的种子企业纷纷开拓海外市场，并发起海外大型并购，进一步强化了科技创新能力，为推动中国种业健康发展，逐步进入世界领跑俱乐部奠定了良好基础。

二是研发创新成为产业主体赢得市场的最核心竞争力。2010—2017 年，中国公开披露的种业并购事件数量累计为 114 件，交易金额累计 91.39 亿元，产业主体做大做强，逐步具有实力自主开展种业研发，初步改变了国有研发机构为种业研发主力的研发力量格局，2016 年全国排名前十的名企业科研总投入达 8.03 亿元，主要农作物通过国审和省审的品种数达 620 个，数量超过科研单位，成为品种研发主体。同期观察小型种子企业，在科研力量部署、科技成果并购方面缺少资源投入，显著落后于产业大型主体，仍在重点布局渠道和服务。因此，以科技投入为代表的研发创新能力成为种业产业主体竞争的核心优势，并会在新的研发成果进入市场过程中进行新一轮行业并购和集中度提升，成为产业领先主体进行多轮扩张的核心竞争力。

三是全球化跨领域市场竞争将成为种业产业发展的新常态。当前世界经济增长速度减缓，单边主义和保护主义抬头对全球化市场之间的要素快速流通和产品推广造成一定影响，但在多边主义和自由贸易为主流的世界格局下，市场全球化的方向没有改变。在这一背景下，新的竞争模式和科技融合创新加速了种业产业主体的升级优化，2017年6月8日，中国化工集团公司宣布完成对瑞士先正达公司收购；2017年8月31日，陶氏杜邦公司宣布完成合并，业务整合后涉及农业、材料科学、特种产品；2018年6月，德国拜耳公司宣布完成对美国孟山都公司的收购，8月德国巴斯夫集团宣布完成对德国拜耳公司业务与资产收购，通过该交易巴斯夫集团现有作物保护、生物技术及数字化农业业务与拜耳公司种子、非选择性除草剂、杀线虫剂、种子加工等业务进行了整合。一系列重大并购，让以孟山都公司、杜邦先锋公司、先正达公司为主的种业公司之间的竞争变成了种子、农化、材料、智能农业交叉融合的新型全链条协同，一体化服务的模式竞争。从单纯种业行业的竞争变成种业、农化、材料、数字技术等不同行业的融合竞争，竞争市场也由区域市场内竞争转化为全球市场竞争。

2. 全生命周期精准营养与食品智造

农业的劳动对象是有生命的动植物，获得的产品是动植物本身，其根本使命在于为人类社会发展提供充足的食物保障。随着中国社会生活水平不断进步，居民对农产品的消费已由吃得饱、吃得丰盛转变为吃得营养、吃得健康、吃得环保。由此延伸，单纯的农产品加工技术已不能满足居民当前和未来对营养健康的需求，需要更多揭示人的营养代谢特征，包括全生命周期代谢特征的营养代谢研究、功能性成分科学评价、肠道菌群之间及菌群与宿主之间的消化代谢系统新特征揭示、关键生物信号分子作用机制和结构解析。同时从环境保护和农业可持续考虑，基于植物源或生物发酵类原料制作高度模拟动物源肉、蛋、奶的人造食品精深生产加工技术等。这些趋势表现为以下几个方面：

一是聚焦揭示人体代谢特征。综合世界范围前沿热点研究，人体代谢系统的范围增加了肠道菌群，进一步细化并提高了人体代谢系统的复杂性。肠道菌群之间及菌群与宿主之间的互作关系、代谢路径、关键生物信号分子作用机制

第七章　农业农村现代化科技创新趋势与重点任务

和结构解析成为全生命周期营养关键特征的重要前沿领域，是食品智造、精准营养等应用研究和应用技术重要基础。未来5~10年，对人体代谢特征的详细诠释、代谢路径解析、关键生物信号分子作用机制结构分析、菌群之间与菌群和宿主之间互作关系等相关领域的研究仍将是重要前沿领域。

二是跨学科跨领域技术融合，拓展农业科技边界，由食品制造变为食品智造。物联网、大数据、工业云、人工智能等前沿信息数据技术将广泛应用于个人健康食品产业的设计研发、生产制造、消费流通等领域。食品产业与农业、生态、医药、健康、文化、教育等行业将进一步融合，形成以农业观光、生态旅游、医药制造、民俗文化等一二三产业有机相融合、良性发展的新经济模式和新发展格局。在食品安全方面，基于风险分析和供应链程控制的食品安全科技支撑框架、食品安全风险评估基础研究和数据库、智能化风险溯源与预警体系等也会在不同学科和不同领域的技术融合中逐步推进。

三是农业食品生产加工将会拓展新的内涵。当前在人类社会发展新趋势下，农业食品生产加工内涵将会由保证营养健康的食物供给拓展为具有可持续性和更高供给效率的营养健康食物供给。基于植物源或生物发酵类原料制作高度模拟动物源肉、蛋、奶的人造食品精深生产加工技术及干细胞培养技术，都是在提高农业食品生产可持续性和攻击效率的前沿新技术。全生命周期与食品智能制造等技术都需要对应拓展可持续性与优化供给效率的内涵。

3. 智能农业装备制造

农业的根本出路在于机械化，智能农机装备代表着农业最先进生产力，是改善生产条件、实现精耕细作、提高生产效率、转变发展方式、增强综合生产能力的关键，是不断提高劳动生产率、土地产出率、资源利用率的重要工具，是现代农业发展的战略物质基础，也是国际农机装备产业技术竞争焦点。加快发展智能农机装备技术，对提升农机装备供给能力，缩小与国外主流产品差距，支撑现代农业发展，保障粮食和产业安全具有重大意义。

未来智能农机装备产业发展应该以提高供给体系质量为主攻方向，以推动农机装备转型升级、提高现代农业建设装备支撑能力为目标，落实《农机装备发展行动方案（2016—2025）》，促进中国由农机制造大国向制造强国转变，显著提高农机装备有效供给能力，推动经济发展质量变革、效率变革、动力变革。实施乡村振兴战略，要求农机装备产业拓展领域、增加品种、完善功能、提升水平，并加快向自动化、信息化、智能化发展。

一是向大型化、多功能、高效率和复式联合作业发展。欧美等发达国家如美国在20世纪四五十年代实现了种植业的机械化，60年代后畜牧业和养殖业也完成了农业装备现代化的过渡，到了20世纪末，农业已经基本实现了专业化和机械化，农业装备朝着大型联合作业的趋势发展，机械装备大多低能耗和多功能，大型联合作业可实现免耕深松、灭茬、施肥、精密播种和超低量施药的联合作业功能。

二是向控制智能化和操作自动化发展。实现高效节本农业必须完成智能化、自动化的农业操作方式，先实现农业装备的新型化及智能化，通过将高新技术实际运用到农业作业中，以实现农业的新型、健康发展。随着电子技术的飞跃性发展，智能监控技术完全可以被应用到农业装备的发展中，从而可以对其进行智能化的控制。当前，诸多精准农业装备的研究成果，如机器视觉、田间自动导航系统等，已得到了广泛应用，为农业装备作业效率的提升提供了坚实的基础，并从一定程度上加速了高效节本农业的落实。

三是向环保和节约资源发展。应用现代化农业装备技术，其主要目的是提高资源的利用效率，提升农业劳动生产效率。将先进技术与高新技术相结合，有效提高技术的高效性与实用性，农业资源的全价值利用与高效利用可以有效节约农业资源，以及减少环境的污染；其次，转变技术创新思路。通过先进技术的广泛应用，如遥感技术、传感技术、电子技术、机器人等，进一步推进农业装备作业过程中的资源节约与劳动节约，减少资源浪费，提高利用率，减少劳动输出并增加收益。

四是进一步向顶级设计、高级智造方向发展。设计理念更为先进，无论是信息化、智能化技术的应用，还是外观设计，都展现了现代农业和未来农业的发展前景。无论主机设计还是零部件设计，包括制造水平、工艺及色彩，均达到了赏心悦目的效果。

4. 绿色农业高新技术

农业产业是指一切有利于环境保护、有利于农产品数量与质量安全、有利于可持续发展的农业发展形态与模式。产业发展目标是实现农业可持续发展和推进农业现代化，确保整个国民经济的良性发展，满足21世纪城乡居民的生活需要。新时代下，农业全领域都需要秉持绿色生产技术，主要技术趋势包括：

一是进一步提高农业生产资源利用效率。中国化学肥料和农药过量施用现象严重，由此引起环境污染和农产品质量安全等重大问题。2017年，中国水稻、玉米、小麦三大粮食作物化肥利用率为37.8%，农药利用率为38.8%，比2015年都提高2.2个百分点，化肥农药零增长提前3年实现。中国未来水资源紧张状况仍然严峻，提倡节约用水，加大节水农业产业投入，建立高效利用水资源、降低农业总耗水量的发展新模式。

二是进一步控制农业面源污染。随着中国经济的快速发展，农业生产方式也由自给自足的传统农业向集约化、专业化、规模化的现代农业转变，以高投入、高产出、高排放为特征的现代农业带来了巨大的农业面源污染问题。2013年，中国重点污染物源总氮和总磷排放量分别为638.2万吨和59.1万吨，来自农业源的总氮和总磷排放量分别是441.9万吨和47.9万吨，占比分别高达69.24%和81.05%。农业面源污染已带来严重的土壤板结、水体富营养化等一系列问题。加强农业面源污染治理，是转变农业发展方式、推进现代农业建设、实现农业可持续发展的重要任务。习近平总书记指出，农业发展不仅要杜绝生态环境欠新账，而且要逐步还旧账，要打好农业面源污染治理攻坚战。

三是开发循环农业，将种植业、畜牧业、渔业等行业与加工业等产业有机联系。利用物种多样化微生物科技的核心技术在农林牧副渔多模块间形成整体生态链的良性循环，发展种养结合循环农业，围绕标准化规模养殖、秸秆循环利用、畜禽粪便制沼气3个方面建设，按照"减量化、再利用、资源化"的循环经济理念，推动农业生产由"资源—产品—废弃物"的线性经济，向"资源—产品—再生资源—产品"的循环经济转变，可有效提升农业资源利用效率，促进农业循环经济发展。现代生态循环农业在近几年建设中得到新提升，先后分两批建设国家级生态农业示范县100余个，带动省级生态农业示范县500多个，建成生态农业示范点 2000 多处，连续多年实施了 10 个循环农业示范市建设项目，这对农民增收及改变农村环境起到了重大作用。

二、创新布局与重点任务

中国进行改革开放已经超过 40 年，全国各行业、各领域、各地区都发生了翻天覆地的变化，农业农村农民发展尤其取得了一系列成就。新时代下，面临人民日益增长的美好生活需要和不平衡不充分的发展之间的社会主要矛盾，以及创新驱动发展与乡村振兴的国家战略需求，本研究通过实地调研、专家访谈和农业农村现代化产业宏观分析，为新时代农业农村现代化产业经济发展科技创新提出了战略布局与重点任务。

1. 农业高新技术产业创新工程

（1）加快完善农业高新技术领域相关基础理论和技术研发体系

一方面，制定短期和中长期农业高新技术产业发展规划，布局谋划与农业高新技术发展相关若干重点专项，推动专门针对农业高新技术相关基础理论与关键技术的研究，以高新技术引领农业不断抢占现代农业制高点。另一方面，农业高校适当增设与信息技术、流通物流、市场营销等学科交叉融合的学院或系别，培养掌握农业相关高新技术的专业人才，从学科设置入手推动培养农业高新技术人才和一二三产融合创新人才。

（2）以人为本营养健康贯穿农业高新技术产业发展始终

营养健康是反映食品高质量的重要指标，也关乎广大人民群众实际需要和切身利益。富集高新技术的食品生产加工产业应从产品原料生产、产品加工制造和营养健康服务三大环节入手，大力开展营养健康科技创新。一是开展农产品原料生产科技创新，加快发展现代农作物、畜禽、水产、林木种业，提升种质资源自主创新能力，提高绿色生态农产品生产能力。二是围绕大健康产业发展，创新食品加工制造新工艺，研究开发休闲食品类、功能食品与特医食品等产品类别的新型营养健康产品，满足广大人民群众吃得营养、吃得健康、吃

第七章　农业农村现代化科技创新趋势与重点任务

得美味的食品诉求。三是支持一批有文化、有头脑、有意识的个体农户或规模化经营企业以农业生产为基础向多元化经营延伸，创新经营模式，发展营养健康服务业，大幅提高农业产业附加值，走出一条营养健康的农业高质量发展之路，实现供给优化和农民增收双目标。

（3）以高新技术为抓手实现小农户与现代农业有机衔接

一是加大农村新业态培育，以信息化手段融合发展休闲农业、乡村旅游、食品加工物流、电子商务等新产业，进一步延长农业产业链和价值链，让小农户分享更多产业链利润。二是统筹兼顾小农户与规模化农业生产，加强科研机构与设备制造企业联合攻关，开发针对小农户的小微型科技集成度高的新型农户应用装备，在国家财政层面继续加大开展农机惠农补贴制度，提高小农户机械化装备水平和单位劳动生产力水平。三是构建信息沟通服务平台，提高农业产业效率，打通供销渠道，把小农生产引入现代农业发展轨道。

（4）加大人才和平台建设，构建农业高新技术产业发展新格局

人才和平台是农业高新技术产业发展的根本与保障。一是鼓励引进培养农业高新技术人才，使其成为推动农业产业兴旺的创新主体。完善科技特派员制度。将科技特派员作为小农户与现代农业有机融合的服务主体，将科技特派员服务生产一线范围扩展至农业高新技术应用推广。二是建设一批农业高新技术产业示范区，构建农业高新技术创新集群，带动农业高新技术全产业链发展，形成区域农业创新发展的创新高地、人才高地。三是整合科技创新资源，建立专门推进农业高新技术产业发展联盟、"星创天地"，建立起农业高新技术研发生产、创新创业、面向市场的桥梁纽带和服务平台。

2. 农业新业态培育创新工程

农业新业态是农业和不同产业融合发展，通过产业间交叉技术融合，推动产业间竞争与合作的新主体。由于不同产业间的交叉融合，赋予农业新业态在技术方面拥有更大优势，而培育农业新业态，是破解供给过剩和供给不足同时存在、提供新动能、创造新需求、全面提升要素生产效率的重要途径，亟须政策和资金支持。

（1）促进农业和物流业融合，构建智慧物流体系，培育农业流通新业态

促进供需融合，提升供给效率，培育信息农业新业态。一是围绕农产品城市消费端和农村供给端间的供给消费结构性不匹配，构建农产品供给和消费信息体系，完善城乡间农产品消费和供给两端信息农业新业态培育支撑条件。搭建农产品流通价格、生产成本、作物农情、天气变化等多位一体的基础信息平台。二是解决农村供给端不能及时顺应城市消费端消费结构、体量、消费者需求不断变化的问题，建立以消费需求为决策基础，供给端和消费端协同调控农产品生产品种和生产产能的沟通联动机制，为信息农业新业态提供生长土壤。三是依托科技特派员制度，为信息农业新业态提供人才支持，优化提升信息农业新业态自我升级和更新能力。

促进区域协同，提升流通效率，培育跨省运力调配智能平台新业态。一是创制低成本省际农产品运输流通信息采集办法，云集省际农产品流通数据，特别是典型区域、典型农产品品种流通信息，为省际运力调配提供基础数据支撑条件。二是规范省际农产品运输流通工具标准，以降低流通对农产品品质影响为目标，升级农产品保鲜技术，降低流通过程能耗成本缓解环境压力，为跨省农产品流通运力主体提供物质基础保障。三是开发数据处理新方法和新模型，提升计算技术自身学习能力和预测能力，为培育智能调配平台新业态提供有力的关键技术支持。

强化全球市场配置，培育大宗农产品期货研究新业态，构建覆盖大宗农产品主要进出口国家的信息网络，对大宗农产品主要进出口国家的农产品需求和农产品生产情况进行实时跟踪，翔实准确掌握相关信息。开发期货交易信息自采集和归类分析数据处理系统，追踪交易数据。

（2）促进农业和健康管理相融合，构建定制农业技术体系，培育农业定制生产新业态

依托健康管理发展农业定制化需求。一是通过使用健康管理获得的个人健康数据和营养需求相关联，将普通营养供给升级为定制精准供给，为培育农业定制生产新业态提供需求保障。二是通过健康管理将功能性食品需求数据化，为农业定制生产新业态发展提供目标导向。三是通过和健康管理相融合，实现

了定制化农业产品的需求端和供给端直通,减少流通环节,降低流通成本,为培育农业定制生产新业态发展提供渠道支持。

发展定制育种,优化定制供给,提升农业定制生产新业态供给能力。一是发展功能成分含量更高的定制育种,满足健康管理对功能性成分的供给诉求。二是发展营养功能成分结构更易消化吸收的定制育种,满足健康管理中对消化性能的供给诉求。三是开发含有新品类功能成分的定制育种,拓展健康管理营养供给解决方案。

发展新型食品加工技术,拓展食品定制加工新业态能力边界。大力发展食品3D打印装备和食品打印材料,拓展食品3D打印应用场景,优化打印食品口感风味。突破食品打印材料限制,拓展食品打印材料品类和颜色,促进精准营养搭配和快速3D打印完美结合。

(3)促进农业军民融合,培育特殊用途食品加工新业态

贯彻落实军民融合发展战略,深入推进农业与食品领域军民融合发展。一是推动军用技术转民用,释放高海拔、高体能消耗、长期封闭等特殊条件下的军用特种食品加工技术,以满足民用特殊用途食品需求,为培育特殊用途食品加工新业态提供发展契机。二是推动军用服务市场化采购,扩大军用食品加工制造供给主体数量,允许民间生产主体承接军用特殊食品生产制造任务,释放军用食品采购市场需求,为培育特殊用途食品加工新业态提供市场基础。三是优化军用食品风味和配方设计,集中开展超长储存期条件下,食品风味和配方改良开发及新食品风味和配方产品设计开发,丰富军用食品风味和配方种类,为培育特殊用途食品加工新业态提供技术储备。

3. 绿色生态兴农创新工程

近年来,随着绿色生态理念深入人心,农业农村依靠高投入、高消耗的传统发展方式难以为继,而环境绿色化、产品绿色化已成为推进乡村绿色发展的重要引擎。目前,中国农业农村应紧紧围绕"循环农业、生态农业、绿色乡村"等主题,以保障生态安全等为重点,运用现代化的技术和管理方式,把"生态+"理论和创新成果融入农业生产实践中,努力打造人与自然和谐共生发展新格

局，为实现乡村振兴提供动力支撑。

（1）推行绿色生产方式，增强农业可持续发展能力

一是大力推进肥药减量使用。推进化肥和农药零增长行动，完善科学施肥技术指标体系，实施精确施肥，积极推广测土配方施肥，引导使用有机肥，适度恢复绿肥种植，推进新型肥料产品研发与推广，集成推广化肥机械深施、机械追肥、种肥同播、水肥一体化等技术，提高肥料利用率，切实减少化学肥料施用；推进绿色防控，推广物理防治、生物防治等绿色防控技术，大力推广应用生物农药、高效低毒低残留农药，开展专业化统防统治，推行精准科学施药，建立绿色防控技术示范。二是大力提升农业标准化水平。要坚持以绿色生态为导向，加强农产品源头管理，大力推进农业标准化生产和全程质量控制，清理、废止与农业绿色发展不相适应的标准；通过构建系列农产品标准及监管体系，健全完善畜禽屠宰、畜禽粪污综合利用、农膜回收等行业标准；开展标准实施大培训，推行统防统治、绿色防控、配方施肥、健康养殖和高效低毒农兽药使用等标准化生产技术，推动新型经营主体率先实行按标生产，通过"公司+农户""合作社+农户"等多种规模经营方式，带动千家万户走上规范生产轨道。三是大力发展现代生态循环农业。从农业生产源头、农业生产过程到农业废弃物资源化利用的全过程，实现产业间的种养平衡、资源循环发展和有机耦合，完善生态循环体系；积极推广新型的生态高效循环农业模式，鼓励发展农牧结合的复合型家庭农场、合作组织、龙头企业和产业园区，培育种养结合型的循环农业试点；抓好农业废弃物综合治理及利用，鼓励各地加大农作物秸秆综合利用支持力度，建立秸秆禁烧管理新模式，推进秸秆综合利用研发，提高其利用率，推动废弃物利用的转型升级；抓好养殖业清洁化生产，加快规模化畜禽养殖场整改步伐，建设畜禽养殖废弃物无害化处理和综合利用等设施，提高畜禽养殖污染综合利用水平。

（2）大力营造绿色生态环境，力促一二三产业融合发展

一是实施农业农村生态环境综合治理工程。加强农业面源污染防治，实现投入品减量化、生产清洁化、废弃物资源化、产业模式生态化；加强农村水环境治理和农村饮用水水源保护，实施农村生态清洁小流域建设，开展饮用水

水质提升与污水处理,建立环境水质监测系统平台,严禁工业和城镇污染向农业农村转移;实施重要生态系统保护和修复工程,健全耕地、草原、森林、河湖休养生息制度,强化湿地保护和恢复;深入开展农村人居环境治理,研究部署基于厕所污染物的生态链工程,开展农村生活垃圾处理与高值化利用,实施农业农村绿化行动,营造美丽的绿色生态环境。二是增加农业生态产品和服务供给。正确处理开发与保护的关系,将乡村生态优势转化为发展生态经济的优势,提供更多更好的绿色生态产品和服务,促进生态和经济良性循环;加快发展森林草原旅游、河湖湿地观光、冰雪海上运动、野生动物驯养观赏等产业,积极开发观光农业、游憩休闲、健康养生、生态教育等服务;创建一批特色生态旅游示范村镇和精品线路,打造绿色生态环保的乡村生态旅游产业链,促进一二三产业的融合发展。

(3)健全生态保护体系及补偿机制建设,保障农业生态持续安全

一是完善落实农业农村生态环境保护制度体系。要强化农田土壤污染源头防控,建立健全覆盖全省永久基本农田的土壤污染监测预警体系;划定特色产业空间和生态资源空间保护红线,实施生态资源保护与提升行动,改变开发强度过大、利用方式粗放的状况;加强农村环境监管能力建设,落实县乡两级农村环境保护主体责任,防治农业环境污染;坚决制止过度消耗资源、滥用化学投入物和随意焚烧秸秆等行为;建立集中清除田园积存垃圾、整治农业废弃物、农药废弃包装物回收处置机制。二是建立市场化多元化的生态补偿机制。落实农业功能区制度,加大重点生态功能区转移支付力度,完善生态保护成效与资金分配挂钩的激励约束机制;健全地区间、流域上下游之间横向生态保护补偿机制,探索建立生态产品购买、森林碳汇等市场化补偿制度;在严格执行资源保护法律法规的基础上,探索更为有效的退耕还林、还草、还湿补贴政策;通过补贴调节高耗水农作物种植,建立农业节水奖补机制;开展化肥减量增效、农药减量控害、有机肥增施、秸秆资源化利用、农膜回收再利用等补贴,推动农业废弃物资源化利用无害化处理。综合运用补贴、奖励、信贷财政贴息、保险保费优惠等手段,加大对新型经营主体的扶持,提升农业生产标准化水平和可持续发展。

4. 智慧农业创新工程

大数据、物联网、云计算、移动互联、机器人等高新技术正深刻地影响和改变着人们的生活，农业生产、经营、管理、政务方式也正在发生深刻的变革。智慧农业创新工程实施是全面贯彻创新、协调、绿色、开放、共享发展理念的需要，是深入贯彻党的十八届五中全会精神和"互联网+"行动计划的需要，是提高中国农业和农产品国际竞争力的需要。

智慧农业创新工程以改造传统农业为目标，重点突破一批智慧农业基础性和瓶颈技术，研制一批智慧农业所需的软硬件重大产品，集成一批产业应用急需的重大智慧农业系统，形成一批智慧农业研发及应用标准，打造一批智慧农业重点实验室和创新基地，培养一批智慧农业科研人才，实现农业发展方式转变，促进农业产业升级，加快农业现代化进程。

（1）到2020年为技术攻关期，有重点地在智慧农业关键技术研发方面取得突破，关键技术水平接近国际先进水平

其中，重点突破农业生产环境与动植物生命信息感知方法，阐释土壤—作物养分运转过程、作物生长发育过程的信息探测与定量解析机制，突破农业数据的分析、挖掘和可视化展示技术，攻克农业信息的智能感知与识别，农业物联网自组织网络部署与信息传输，农业物联网信息融合与云计算，农产品品质及质量安全感知，农业生产环境智能控制，"星—机—网"农业生命信息，土壤信息和农田环境信息协同感知与机载快速获取，农田精准作业导航与变量作业控制，精准农业农田信息快速获取等核心技术，部分智能农机装备水平接近国际领先水平，全面推进农业生产经营向智能化、精细化、网络化方向转变，加快转变农业发展方式，提高土地产出率、资源利用率、劳动生产率。

（2）到2025年为推进期，由点到面实施智慧农业关键技术的转化、推广和应用

重点发展完善支撑精准农业信息获取、诊断决策和变量实施体系的基础理论，提升中国在精准农业研究方面的理论水平和解决实际问题的能力；建立基于数据的农业政策决策模型与方法，提升基于数据科学的农业科学水平；构建主要农林动植物数字模型和虚拟设计技术平台与农业信息智能搜索平台，开

发农林动植物生产数字化监控与管理系统；基于智能农机作业装备，构建智能农机作业和调度系统；建立面向农业资源与生态环境监测、农牧业精细生产管理、农产品与食品质量安全控制、智能农机装备作业等方面的智慧农业技术体系。

（3）到2035年为全面发展期，完善人才队伍培养梯度，完善智慧农业标准部署智慧农业物联网公共服务平台，部署农业大数据服务平台，建成全球最大的农业大数据服务中心，物联网服务平台和大数据服务平台实现对境外服务，部分智能农机装备和软硬件产品走出国门，部分产品和关键技术处于世界领先水平。

5. 农业创新人才培养创新工程

近年来，随着大数据、云计算、物联网等信息技术与农业领域实现融合，智慧农业成为现代农业发展的新引擎。与此同时，农业与二三产业正在加速融合，观光农业、体验农业、创意农业等新业态不断涌现。突破当前农业人才匮乏的困境，培育新型农业人才，将成为发展现代农业的关键。

（1）构建新型教育培训体系，大力提高职业农民新技能

一是发展农村职业教育和成人教育。围绕乡村振兴战略提出的一二三产业融合发展的战略要求，加强新型职业农民培育教育培训体系建设。健全和完善农村职业技术教育与成人教育，扩大办学规模，提高办学效率。职业教育和成人教育要坚持"学用结合，按需施教"的原则，把农村文化教育和科普教育结合起来，将扫除文盲与扫除科盲同步进行，要从人、财、物各方面来提高农村职业教育和成人教育的比重。职业教育培训重点是乡村基层干部、农业科技人员、具有一定文化水平的农民群众。教育中应适当设置相应的农村经济、市场经济、乡镇企业等专业及课程，造就和培养一大批有文化、懂技术、善经营、会管理的新型农民。

二是实施专项技能培训工程。地方政府和社会组织要支持新型农民科技培训，提供对农民开放的农业科技培训项目，提高农民的务农技能和科技素质，帮助农民掌握先进的农业科学技术，改善传统的务农方式，从而提高农产

品产量和科技含量，增加农民收入，实施劳动力转移培训工程，增强劳动力就业能力。

三是创新农民职业教育培训方式。构建基于"互联网+"的新型职业农民培训虚拟网络教学环境，大力培育生产经营型、职业技能型、社会服务型的新型职业农民；积极推动智慧农民云平台建设，研发基于智能终端的在线课堂、互动课堂、认证考试的新型职业农民培训教育平台，实现新型职业农民培育的移动化、智能化。

（2）继续农业学科改革，建立适应新时代需求的农业教育体系

一是积极建立学科融合的农业学科体系。现代农业已不仅仅是传统的种植业，而是"贸、工、农"结合，一二三产业协调发展的大农业概念。因此，应主动适应新时期农业现代化的产业发展需求，建立满足现代农业发展需求的学科体系。重点建立以行业、产业需求为导向的专业动态调整机制，优化学科专业结构，促进多学科交叉和融合，培植新兴学科专业，用现代生物技术和信息技术提升、改造传统农林专业。特别是随着高等农业院校服务面和任务的扩大，必须打破学校学科专业设置单一的固有办学模式，充分利用当前农村产业结构调整及新兴科技产业正在兴起的有利时机，抓紧研究和制定学科专业建设规则，加速进行学科专业调整，逐步建立起结构合理、具有竞争能力的学科专业体系。同时，支持地方高等学校、职业院校综合利用教育培训资源，灵活设置专业，创新人才培养模式，为乡村振兴培养专业化人才。

二是建立产学研相结合的教育体系。农业科学技术是应用性强的科学技术，学生只有在生产实践中才能培养敏锐的观察判断能力、严谨的科学态度、缜密的思维方法、科学的推理能力和全局的工作观念。长期以来，中国的农业高等教育一直以应试教育为主，以传授已有的知识为中心，重视理论教育，忽视了对学生进行创新思维、创新能力的培养和教育。产学研合作教育模式能够将企业、高校和研究机构的优势相结合，从而为学生提供参加生产实践、社会实践和科研实践的机会，尤其是参加科研活动对培养学生的创新能力非常有利。同时，转变高等农林院校仅单一面向农业生产的认识，树立主动为当地经济建设、为农村社会进步、为农业生产发展、为农民致富服务的观念。

三是大力加强农业师资队伍建设。加强师资队伍建设，形成一支高素质的集现代农业专业理论与实践技能于一身的农业教育师资队伍，是当前农业人才培养的重要内容和目标，也是一项长期的艰苦任务。然而，由于农业发展模式、农业科学技术及新型农业的快速发展，当前农业院校教师队伍存有知识更新慢、专业结构不适应需要和实践能力较弱的问题，以及现阶段培育的学生从事现代农业的能力和素质全面的农业科技人才不相适应。未来，依托高水平农林大学，重点建设教师教学发展中心，积极开展教师培训、教学改革、质量评估、咨询服务等工作，满足教师职业发展需要。以中青年教师和教学团队为重点，健全人才引进和培养机制，遴选一批具有生产一线实践经验的中青年教师出国研修，支持教师获得校外工作或研究经历，促进中青年优秀教师脱颖而出。完善高等农林院校与科研院所、涉农涉林企业合作机制，聘请一批生产、科研、管理一线专家做兼职教师，加大"双师型"教师建设力度。

（3）创新农业人才发展渠道，探索建立高端农业人才共享模式

一是积极拓展农业人才培育渠道。重点通过"请进来"和"派出去"两种方式，不断加大智力引进力度，对于吸引和培养一批具有世界眼光的农业科技前沿领域的领军人物与紧缺人才、提高农业人才队伍建设层次都具有重要意义。在"请进来"方面，应通过特殊优惠政策，有计划地招聘国外高层次、创新型的农业人才，吸引海外华侨、华人、留学人员来国内工作，以及请国外专家来华讲学、主持课题、验收项目等方式为中国农业发展服务。同时鼓励留居海外的农业人才以各种形式为中国农业发展服务，可以选择技术入股、创办农业服务企业、开展学术交流、派往海外工作等形式，为中国现代农业发展出力献策。在"派出去"方面，通过派员出国培训、进修、考察、参与项目合作、参加国际学术会议等多种形式，积极学习国外先进技术和管理经验、参与国际农业交流与合作，使农业人才能够站在国际农业发展的前沿，开阔视野，增长才干，不断提高中国农业技术和管理水平，并以此促进中国高层次、国际化、创新型农业人才队伍建设。

二是积极探索农业高端人才共享发展模式。由于农村生活条件有限，很难吸引到高端人才，然而为了充分利用高端人才的智力资源，应形成"不求所

有、但求所用"的现代人才观念。积极利用当前先进的信息技术和互联网技术建立农业人才共享平台，形成农业人才共享经济。一方面，加强农业高端人才信息化建设，注重利用信息化手段推动人才工作，如建立农业科研人才、技能人才、教育培训人才等信息数据库，做好人才信息更新、交换和发布工作，使农业人才信息互联互通，促进人才市场供需平衡；另一方面，着力打通科研人才流动通道，促使科研人才资源和力量向企业、生产一线倾斜，鼓励高校和科研院所等事业单位科研人员在履行所聘岗位职责的前提下到企业兼职，使人才链、创新链和产业链有效衔接，加快推进创新成果的有效转化。

三是健全科学合理的人才机制，加强农业人才队伍保障。建立合理的农业人才评价、选拔任用和激励保障机制，是建设现代农业经济人才保障的关键。特别是随着经济社会的发展和干部人事制度改革的不断深化，要加快建立健全科学合理的人才机制。第一，完善农业人才评价机制。坚持"四不唯"（不唯学历、不唯职称、不唯资历、不唯身份），把能力、业绩和品德作为评价人才的主要依据，建立各级各类农业人才评价指标体系，不断完善农业人才评价机制。第二，建立公平竞争机制。要在农业部门普遍推行公开选拔、竞争上岗、全员聘用的选拔任用机制，合理使用农业人才，把各类农业人才配置到最容易发挥才干的岗位。第三，健全激励保障机制。要采取一系列行之有效的方式方法，对在促进现代农业发展和新农村建设中做出贡献的农业人才进行物质或精神奖励。同时，在健全养老、医疗、住房等社会保障制度过程中，要针对农业行业的特殊性，对农业人才给予一定的政策倾斜，以增强农业行业的吸引力、凝聚力，从而在机制上营造出一个让农业人才人尽其才、才尽其用、更好地发挥保障作用的良好环境。

6. 农业区域协同发展创新工程

农业区域协同发展能够有效推进区域性农业基础设施、技术、人才、信息、资本等生产要素的自由流动和资源的优化配置，对于提高农业生产效率、提升农业发展质量具有重要意义。

第七章 农业农村现代化科技创新趋势与重点任务

（1）以重点区域为单元，加强农业区域协同发展规划

以京津冀、长江经济带、粤港澳大湾区、中原经济区和东北三省为主要农业区域协同发展单元，加强各个农业区域发展规划。一方面，要加强与上位规划的衔接，如京津冀农业区域协同发展规划要与国家战略规划相衔接；另一方面，要树立协作共赢理念，打破行政区划限制，形成基于经济、社会和生态综合效益统筹协作的发展目标，明确重点发展内容、协作模式、实施步骤和保障措施，促使农业区域协作发展从松散、无序、被动的联合式发展状态转向主动、有序、紧密的区域发展共同体。

（2）加强农业区域协作分工，大力提升区域农业协同发展的生产和运营效率

根据各地区的资源禀赋和发展特色进行产业链合理化分工，鼓励各地区农业企业进行跨区域投资布局，培育区域性龙头企业，打造区域性农业品牌，提高跨区域产业链的增加值。积极借助创新服务平台，进行资源要素高效利用与产业功能融合发展，通过农业产前、产中、产后环节的跨区域对接与融合，实现农业区域协作。通过构建环节完整的跨地区农业产业链，并且在产业链进一步延伸、优化和整合中实现产业链升级，大力提高区域农业产业链运行效率和整体价值。鼓励区域内各地方结合自身优势或多地区联合建立产业园区，吸引农业科研人才、机构和企业入驻，引导同一链条或同一领域的机构和企业入驻同一园区，推动形成若干要素集聚区和产业集群。同时，还要完善流通基础设施建设，强化物联网、大数据等科技成果在流通领域的应用，打造区域内现代化的流通体系，降低区域之间的流通成本。

（3）加快推进市场一体化进程，全面促进区域间农业生产要素合理流动

打破区域市场壁垒，充分发挥市场配置资源的决定性作用，引导各类生产要素自由流动，促进区域内资源优势互补和均衡化配置。特别是在土地、水、科技、人才、资金等方面，搭建各区域现代农业要素合作交流和管理平台，促进农业要素在地区间合理流动。一是建立科技要素市场一体化机制，促进仪器设备、科技成果、信息数据、研发队伍等创新资源在区域内开放共享。二是建立服务要素市场一体化价值，引导优势服务资源面向全区域开展研发、信息、金融、商务、流通等覆盖整个链条的、形式多样的现代化服务。三是建立人才要素市场一体化机制，推动区域共同构建"开放有序、运转高效、流动畅通、共建共享"的智力服务体系，最终实现区域内农业"人才政策互利互惠、人才流动互通互融、人才评价互认互准、人才创新创业互助互促"。

（4）探索创新利益分配机制，大力构建农业区域协作利益共同体

建立合理的利益分配机制，调动各地区参与农业协同发展的积极性。一方面，建立财政、投资、税收一体化机制，对区域内的生产投资、产业转移、共建园区、科技成果落地、招商引资异地落地等项目，进行利益分享的制度设计和政策安排，探索有效的地区间税收分享和产值分计规则；另一方面，完善地区间生态补偿制度，坚持谁受益、谁补偿的原则，从法律制度、横向转移支付制度等方面建设和优化生态补偿机制，将资金补偿、实物补偿、能力补偿、政策补偿等方面有机结合建立多维长效的补偿方式，保证区域协同发展的可持续性。同时，还应形成有效的高层论坛和联席会议机制，建立跨地区企业界间的组织联络机制，积极解决农业区域协同发展中存在的问题，形成真正的农业区域协作利益共同体。

第八章　创新驱动农业农村现代化的总体方略

创新是发展的第一动力，科技创新是全要素创新的源头之水和核心动力。在质量兴农、绿色兴农，深化农业供给侧结构性改革，推动农业由增产导向转为提质导向方面，根本上需要依靠科技创新转变发展方式、转换增长动力，提高农业创新力、竞争力和全要素生产率；将科技创新与乡村振兴深度融合，以科技创新为引擎，走绿色高质量发展之路，推动中国农业农村现代化进程，加速中国由农业大国向农业强国转变。

一、指导思想

以习近平新时代中国特色社会主义思想为指导，加强党对"三农"工作的领导，牢固树立新发展理念，落实高质量发展要求，紧紧围绕统筹推进"五位一体"总体布局和协调推进"四个全面"战略布局，按照农业农村现代化的总目标和产业兴旺、生态宜居、乡风文明、治理有效、生活富裕的总要求，深入实施创新驱动发展战略和乡村振兴战略；以强化科技创新质量和效益为导向，统筹部署农业农村领域基础研究、应用基础研究和技术创新工程，推动科学研究、基地建设、人才队伍一体化发展，打造农业农村战略性科技力量，提高农业创新力、竞争力和全要素生产率，为加快推进农业农村现代化提供科技支撑。通过努力，农业农村科技创新体系更加完善，农业农村科技供给能力大幅提升；科技支撑农业高质量发展，农业高新技术产业竞争力进一步增强，农业新技术、新产品、新模式和新业态不断涌现，促进农民就业创业取得显著成效，农村人居环境明显改善，全面实现农业强、农村美、农民富的农业农村现代化强国目标。

二、推进"三大融合",构建创新驱动农业农村农民一体化发展格局

1. 加快农村一二三产业融合,推进全产业链协同发展

推进一二三产业融合发展,是加快转变农业发展方式的重要抓手,是拓宽农民增收渠道、构建现代农业产业体系的重要举措,是加快转变农业发展方式、探索中国特色农业现代化道路的必然要求。一是通过科技创新驱动农业一体化发展,提升农业价值链。鼓励新型农业经营主体把现代产业发展理念和组织方式引入农业,推动农业产前、产中、产后一体化发展,促进产业链条向高端延伸,不断延伸农业产业链、提升价值链、完善利益链;引导、支持农村二三产业向县城、重点乡镇及优势产区和关键物流节点集中,培育农产品加工、商贸物流等专业特色小镇;支持农民合作社发展农产品储藏保鲜、分等分级、产地初加工、直接营销,打造农业全产业链。二是鼓励各地因地制宜、拓展农业多种功能。与城市相比,农村具有土地资源丰富、生态环境好的优势,可以根据区位状况选择发展具有比较优势的产业,发展农产品加工、仓储物流等市场化服务,培育休闲农业、乡村旅游业龙头企业,打造农业与旅游、教育、文化、健康养老等产业深度融合的现代农业综合体;培育农村电商、农产品定制等"互联网+"新业态,鼓励社会力量利用互联网发展各种亲农惠农新业态、新模式,满足"三农"发展多样化需求。三是以融合发展模式创新推动产业融合发展。以产业发展模式的创新,如农业内部有机融合模式、全产业链发展融合模式、农业产业链延伸融合模式、农业功能拓展融合模式、产业集聚型发展融合模式,增强农业在产业价值分配上的谈判能力。

2. 推进产城产镇产村融合,促进城乡一体化发展

推动城乡融合发展,建立健全城乡融合发展体制机制和政策体系,是实现乡村振兴、推进农业农村现代化的有力举措。推动城乡融合发展,积极引导城市的人才、资本、技术、信息等生产要素流向农村,让各类人才与留乡、返乡的农民形成优势互补的乡村振兴新主体,能够有力促进工业化、城镇化过程中

乡村问题的解决，确保实现乡村振兴。

一是积极推进"三权分置"改革，夯实城乡融合发展的制度基础。从当前实际出发，积极推进"三权分置"改革，通过落实集体所有权、稳定农户承包权、放活土地经营权，推动形成"集体所有、家庭承包、多元经营"的新型农业经营机制，巩固和完善农村基本经营制度，加快实现农业现代化；进一步优化农村土地、林地、宅基地等资源配置，发展适度规模经营，促进农村创新创业主体的培育和新业态的成长；不断探索丰富"三权分置"的具体实现形式，夯实城乡融合发展的制度基础，激活农村丰富的存量资源。二是推进公共服务均等化，保障城乡融合一体化发展。促进城乡教育一体化，加强城乡一体化的教育规划，优化教育布局，完善以常住人口为准的教育服务体系，财政拨款、设备添置和教师配置等向农村学校倾斜，积极推动优质教师资源在城乡的合理流动；加快人力资源市场体系和就业服务体系，建立健全以国有公益性人力资源市场为主体、职业中介机构为补充的人力资源市场体系，保证城乡劳动力就业和企业用工；开展城乡劳动力免费职业培训，提高城乡劳动力就业素质和能力；加快建立健全更加公平可持续发展的社会保障体系，注重统筹各类社会群体和各类保障待遇，建立健全覆盖全民的社会保障体系，加快社会保障向外来落户人口覆盖。三是壮大多元经营主体，激发城乡融合发展新活力。发展壮大多元经营主体，带动城乡资金、技术、信息等要素互通互融，实现城乡快速融合发展；引导鼓励大中专毕业生、返乡人员等领办合作社和家庭农场，支持龙头企业通过直接投资、参股经营、签订长期合同等方式，带动农民发展多种形式的适度规模经营；积极培育农业龙头企业、农民专业合作社、家庭农场、乡村创客等城乡融合发展新主体，带动城市资源和要素向农村流动，实现城市人才、资本、技术、信息等要素与农村闲置、低效利用资源的有效对接，为推进城乡融合、农业产城产镇产村融合发展注入创新活力。

3. 推进传统农业向现代农业转变，突出产业发展与农户融合

由传统农业向现代农业转变，其关键就是依靠科技进步，使农业效益不断提高，农民收入稳定增长，农业产业化经营不断推进。

一是实施新型职业农民培育工程,培育新型职业农民。建立职业农民制度,培养新一代爱农业、懂技术、善经营的新型职业农民,优化农业从业者结构;创新教育和培训组织形式,支持通过弹性学制参加中高等农业职业教育,探索农民专业合作社、专业技术协会、龙头企业等主体承担,开展田间课堂、网络教室等培训;创新科技列车行等服务农民形式,有效帮扶农民快速实现科技知识的应用;鼓励各地开展职业农民职称评定试点;引导符合条件的新型职业农民参加城镇职工养老、医疗等社会保障制度。二是将农民纳入现代农业产业体系中,实现农户分享现代农业发展成果。农村产业融合发展就是要以农民合理分享产业链增值收益为核心,通过构建现代农业产业体系、生产体系、经营体系,延长产业链、提升价值链、完善利益链,将农民生产经营活动纳入现代农业体系,实现小农户与现代农业发展的有机衔接,让农民特别是小农户合理分享融合发展增值收益,共享农村改革发展成果,提升农民的幸福感和获得感。

三、坚持科技创新与体制机制创新"双轮驱动",实现政府、市场、社会协调发力

1. 构建现代农业科技创新体系

一是统筹农业科技创新布局,提升农业全产业链科技支撑能力。不断优化布局农业科技创新方向,农业科技创新投入由增产技术向高品质研发技术转变,向注重生态环境保护的绿色增效技术转变,地域上由全局性战略向重点地域转型转变;强化传统农业科技创新升级,包括重点地域的水土配置和土地科技,环境治理与污染控制,农艺管理与节本增效等;集成新型现代农业科技,重视物联、互联、智能农业技术研发,激发农业科技发展新动能、健全农业科技新体系;以科技创新引领现代农业,加快布局集农产品育种、生产、加工、物流、销售于一体的农业全产业链新技术研发体系,由追求单要素效益向全要素效率提升,探索建立农业投入新机制,形成农业科技全产业链一体化创新模式,引领现代科技农业发展。

二是充分释放创新主体的活力。要明晰高校、科研院所、企业的功能定位,充分激发各创新主体的活力,通过培育和建设世界一流的农业大学与科研院所,充分发挥高校和科研院所作为基础研究与原始创新、科技创新人才培养的主体作用,着力加快高校、科研院所相关科研成果向企业转化。鼓励有创新研发能力的企业承担国家、地方等各级科研和成果转化相关项目,通过资源优化配置,激发企业落实国家重大战略任务的主动性和积极性,将科技创新成果在这些企业中先行先试,使创新链条上下游有效衔接,实现企业创新主体作用有效发挥。鼓励科研单位和科技人员以入股或技术转让等方式到企业转化科技成果,与企业一起研发新技术、新产品,支持科研单位和科研人员分享科技成果转化收益,强化以知识价值为分配导向,提高科技创新服务人员的获得感,激发他们的创新热情与活力。

三是完善现代农业社会化服务体系。建立公益性和社会化多元多主并重的服务体系,公益性服务体系主要是农技推广体系、现代农业产业技术体系等,主要从事农业实用性技术的推广应用,开展技术示范、技术服务及培训等;社会化服务体系包括大学、科研院所人员及农业创业者,利用市场化机制转化服务、科技中介与孵化平台、科技金融等,聚焦成果转化、技术转移、孵化培育、科技金融、知识产权服务等功能,建设新农村发展研究院、布局星创天地、设立国家农业科技成果转化引导基金及探索建立乡村绿色技术银行等,实现创新转化服务的社会化、市场化、公益化。

2. 实施农业创新人才战略

一是加强创新领军人才及团队培养。要深化科技体制机制改革,加强人才队伍建设,培养造就一大批农业科技人才,提升自主创新能力,加快农业科技成果转化应用。围绕现代农业科技前沿和产业重大需求着力培育基础性创新人才,做到出人才、引人才、留人才,依托国家各类人才计划,培养造就专业化、复合型的领军人才队伍与团队;同时面向农业科技型、创新型企业,分层次、多渠道培养选拔农业农村领域创新创业领军人才和团队,为实现农村现代化提供人才支撑。

二是布局农业相关领域交叉融合学科，提升农业科技研究水平。完善高校、科研院所农业产业专业设置，优化专业课程，提高科技创新下的农业产业相关课程设置比例，强化实践教学，完善新时代下的农业产业技术理论教学，让理论更好地服务于实践。重视农业产业融合技术理论实践课程，将人工智能、大数据、物联网、生物信息学等技术理论思想进行普及，开设科技创新背景下的农业产业新业态研究课程，重点对供给侧结构性改革、一二三产业融合、农业产业新业态等开展系统研究，加强特色优势产业关键共性技术攻关，着力培育现代农业发展和经济增长新业态、新模式。

三是加强科技创新成果转化服务人才队伍建设。充分发挥科技特派员、"三区"人才等在农业科技成果转化和技术服务方面的先天优势，优化科技成果转化服务人才队伍结构、提高人才队伍素质。加强成果转化服务人才队伍建设，完善农业技术推广组织，增加农技推广经费，提高转化服务人员素质，实现先进技术的转移转化，培育壮大当地特色产业。健全农业社会化科技服务体系，解决农业科技服务"最后一公里"问题，推动现代农业全产业链增值和品牌化发展，促进农村一二三产业深度融合、城乡一体化发展。

四是培育新型职业农民。完善新型职业农民的培养机制，启动实施农村实用人才"学历提升计划"，加大农村实用人才带头人示范培训力度，在培训对象上进一步向新型职业农民和新型农业经营主体倾斜；建立新型职业农民实习实训基地和创业孵化基地，借助新农村研究院、农业高新区、农业园区、农业企业、星创天地等平台，以农业高新技术产业示范区、农业科技园区、高等学校新农村发展研究院、农业科技型企业等为载体，整合科技、人才、信息、金融等资源，面向科技特派员、大学生、返乡农民工、职业农民等创新创业主体，提供科技示范、技术集成、成果转化、融资孵化、创新创业等综合性服务。

3. 完善农业科技投入强度、结构与融资机制

一是增加科技投入强度，完善科技投入结构。要进一步重视农业科学研究，增加政府投资，建立稳定的长效支持机制，提高农业科研投入强度，在竞

争性项目中需优先保障农业科技投资;持续提高经济作物、蔬菜瓜果、养殖业、农产品加工物流、农业资源环境和质量安全方面的科研投入,大幅提高农业科研课题经费人均支持额度;大力提高农业科研机构,特别是国家级战略研究机构的战略基础研发经费,重点加强基因编辑、生物合成、智慧农业、农业机器人、农业新材料等方面的研究,为中国农业科技抢夺科技制高点和主动权奠定坚实的基础。

二是落实农业农村科技创新扶持政策。要转变政府职能和角色,明确具体职能,在优化宏观调控功能的同时,积极维护农业市场秩序,促进农业科技创新管理体系的构建;建立健全农业科技创新驱动发展制度,着重从动力推动、成果转化、技术应用与升级等方面制定政策、制度及法律规章等,为农业科技创新提供制度保障;重视人才激励制度的构建,在完善薪酬制度的过程中,采用物质奖励和精神鼓励相结合的方式,对于农业科技创新有突出贡献的人才要给予必要的物质奖励。

三是拓宽科研投入渠道,建立健全融资机制。发挥政府在农业科技创新中的作用,加大农业科技投入,建立以政府投入为引导、企业投入为主体及其他社会资本为补充的多元化农业科技创新投入机制,引导社会资源向农业农村领域集聚,提高资源配置效率,增强实现农业农村现代化的科技支撑能力。各级财政及涉农主管部门加大农业产业发展专项资金整合力度,调整优化支出结构,创新财政资金使用方式,鼓励通过PPP、众筹、发行债券、上市融资等方式拓宽融资渠道,大力支持城市工商资本和个人资本面向农业科技领域投资;鼓励私人领域对农业科研投资,让私营部门在科研投入中发挥更多的作用,并给予私营部门更广阔的发展空间,尽快实现"市场—商业性应用科研—开发—市场"的良性循环,逐渐培育现代农业科研企业。尽快建立以政府为主导的社会多元化的农业科研投入体系,大幅提高农业科研投入占农业GDP的比重,最终实现公共部门和私人部门的协同创新。

4. 优化农业农村科技创新部署

一是围绕农业农村发展重大需求,系统布局全产业链创新任务。针对农

农业农村现代化与科技创新重大问题研究

业产业瓶颈制约问题及科技工作部署，做好农业农村科技领域的总体设计，不断优化以国家重点研发计划项目为引领的研发布局，构筑先发优势。围绕基础研究、关键技术、成果转化与产业化等创新链设计，在现代种业、食品营养健康、绿色生态农业、智能农业、乡村生态宜居等农业产业科技创新核心领域部署实施若干重点研发专项或重大专项，不仅聚焦国内农业农村产业发展需求，更要聚焦国际农业产业发展前沿高新技术动态，超前部署一批中国农业产业发展水平的高新技术研发计划。

二是统筹兼顾区域资源禀赋与创新优势，优化部署基地平台体系。布局启动建设一批以农业高新技术产业为主导的科技园区，坚持规划先行，突出规划引领，结合各地农业产业发展实际，高起点、高标准、宽视野编制具有科学性、前瞻性、可操作性的产业科技园区建设规划；综合考虑产业优势、发展潜力、经济实力、环境容量和资源承载能力等各种因素，系统布局国家级、省级、州市级农业产业科技园区建设。引导科技、信息、人才、资金等创新要素向农业产业科技园区集聚，吸引汇聚农业产业科研机构、高校等科技创新资源，发展面向市场的新型农业技术研发、成果转化和产业孵化机构，建设农业科技成果转化中心、科技人员创业平台、高新技术产业孵化器及农业产业高级技能人才培训基地。

三是完善产学研协同创新机制，彻底打破"学研产"。要以市场为导向、产业链为基础，引导企业、高校、科研院所达成资源共享的协议，开展跨机构协作，建立协同创新联盟，构建稳定的协同创新机制；要鼓励以企业为创新主体，建立和完善现代企业制度，加强企业自身能力建设，完善技术开发体系，使企业真正成为生产经营、技术创新与成果转化的主体；高校、科研院所应组织跨学科力量，主动为企业服务，避免科研成果与企业需求脱节，推动科研成果向企业现实生产力转化。强化企业主体地位，探索产学研合作的新机制，就要进一步强化企业在技术创新中的投入主体、研发主体、成果转化主体地位，发挥好高校和科研院所的生力军作用，合作建设一批高水平的创新平台和公共服务平台，促进"学研产"向"产学研"转型，加快农业创新经济发展；建立完善产学研合作网络平台，探索市场化运行机制，使产学研合作机制常态化、长效化，把产学研协同创新提升到一个新水平。

5. 发挥市场在资源配置中的决定性作用和更好地发挥政府作用

一是建立健全农业农村发展政府引导市场机制。各级政府要坚持农业农村优先发展的原则，创新驱动发展战略、乡村振兴战略的实施更需要政府部门做好顶层设计和宏观指导，在实现农业高质量发展的时代背景下，在建设农业农村现代化的历史过程中，亟须充分发挥中国政府部门在规划引领、政策制定、要素投入、管理服务等方面的主导作用，确保乡村振兴战略持续深入推进。国家层面跨部门组建乡村振兴战略实施领导小组，按照"全国农业农村发展一盘棋"的思路，组织开展乡村振兴战略实施前瞻性研究，宏观指导全国乡村振兴战略实施工作，顶层谋划农业科技创新布局和攻关任务，协调解决乡村振兴战略实施中面临的各类问题，确保各项任务措施落到实处。地方政府部门根据乡村振兴战略实施总要求，结合各地资源禀赋、生态功能、生产规模、产业基础、经营主体等差异，因地制宜、分类施策，提供适用于不同区域、不同主体的技术解决方案和政策举措，推动形成各具特色、平衡协调的乡村发展新模式。政府相关部门围绕技术创新、产业发展、成果评价、转移转化、人才支持、基础设施建设、资源优化配置等，协同制定协调统一的政策体系，引导各类资源向农业农村现代化发展的重点领域和重点研究方向集聚，形成合力，加速各地乡村振兴战略实施进程。

二是突出推动企业成为农业技术创新主体。培育创新型农业科技企业，更好地发挥企业作为技术创新决策、研发投入、科研组织和成果转化的主体作用，着重开展应用技术研发，并尽快成为农业技术创新主体；引导和支持企业主持或参与农业产业科技项目，不断健全和完善相关政策措施，鼓励有能力的企业自主设立课题开展农业产业应用研究，支持企业参与或主持科技重大专项、高新技术产业化项目、农业科技成果转化等项目，支持企业参与现代农业产业技术体系及其地方创新团队、农业科技基础条件支撑体系和区域农业科技协作体系建设；合理配置现有资金、项目资源，支持有条件的企业自主建立高水平研发机构，或与农业科研院所、高校联合组建高水平研发机构，积极推动骨干企业与优势农业科研院所、高校建立实质性产学研协同创新联合体；引导领军企业联合中小企业和科研单位系统布局创新链，提供产业技术创新整体解决方案，培育一批核心技术能力突出、集成创新能力强、引领重要产业发展的创新型企业，力争有一批企业进入全球百强创新型企业。

三是完善农业发展相关补贴机制。要健全农业农村投入持续增长机制，优先保障财政对农业农村的投入，坚持将农业农村作为国家固定资产投资的重点领域，确保力度不减弱、总量有增加。充分发挥财政政策导向功能和财政资金杠杆作用，鼓励和引导金融资本、工商资本更多投向农业农村。探索建立农业补贴、涉农信贷、农产品期货和农业保险联动机制，积极探索农业保险保单质押贷款和农户信用保证保险，进一步完善农业保险大灾风险分散机制。提高农业补贴政策效能，充分发挥政策惠农增收效应，继续实施种粮农民直接补贴、良种补贴、农机具购置补贴、农资综合补贴等政策，提高补贴的导向性和效能。完善农机具购置补贴政策，向主产区和新型农业经营主体倾斜，扩大节水灌溉设备购置补贴范围。实施农业生产重大技术措施推广补助政策，建立精准补贴机制，健全粮食主产区利益补偿、耕地保护补偿、生态补偿制度。

参考文献

[1] 戴小枫，边全乐，付长亮. 现代农业的发展内涵、特征与模式 [J]. 中国农学通报，2007（3）：504-507.

[2] 何传启. 中国现代化报告 2012：农业现代化研究 [M]. 北京：北京大学出版社，2012.

[3] 陈一飞，高万林，齐凯，等. 现代智能农业技术引领农业现代化进程初探 [J]. 农机化研究，2014，36（8）：14-18.

[4] 杨敬宇. 甘肃区域特色农业现代化政策研究 [D]. 兰州：兰州大学，2011.

[5] 姜松. 西部农业现代化演进过程及机理研究 [D]. 重庆：西南大学，2014.

[6] 朱道华. 略论农业现代化、农村现代化和农民现代化 [J]. 沈阳农业大学学报（社会科学版），2002，4（3）：178-181.

[7] 中国现代化战略研究课题组. 中国现代化报告 2012：农业现代化研究 综述：现代农业的新机遇 [C]. 中国科学院中国现代化研究中心，2012：14.

[8] 郑风田. 如何发展农村现代化来振兴乡村 [N]. 新农村商报，2017-11-08（6）.

[9] 陈枫. 黑龙江垦区农业现代化问题研究 [D]. 哈尔滨：东北农业大学，2004.

[10] 陈卓. 中国工业化、城市化与农业现代化互动与融合关系的理论与实证研究 [D]. 长沙：湖南农业大学，2014.

[11] 唐彪. 重庆农村劳动力转移与农业现代化建设协调发展研究 [D]. 重庆：西南大学，2009.

[12] 李月涵. 重庆市涪陵区农业现代化的对策研究 [D]. 长沙：中南林业科技大学，2015.

[13] 方莉. 湖州市农业现代化发展研究 [D]. 舟山：浙江海洋大学，2018.

[14] 国外农业现代化的相关理论 [EB/OL].（2010-11-25）[2018-10-25]. http://blog.sina.com.cn/s/blog_65aadc7d0100n7sz.html.

[15] 舒尔茨. 改造传统农业 [M]. 梁小民，译. 北京：商务印书馆，1999.

[16] 熊昉. 我国农业现代化进程中的田园城市模式探索 [D]. 西安：西安石油大学，2014.

[17] 速水佑次朗，神门善久. 农业经济论（新版）[M]. 沈金虎，周应恒，张玉林，等译. 北京：中国农业出版社，2003.

[18] 西奥多·W 舒尔茨. 改造传统农业 [M]. 梁小民，译. 北京：商务印书馆，2006.

[19] 何传启. 农业现代化的基本原理和中国策略 [J]. 中国科学基金，2012，26（4）：223–229.

[20] KENNEDY C R.The politics of agricultural modernization：a comparative study of land reform in Parkistan，India，Japan and Iran[D].US：University of Texas at Austin，1980.

[21] 张冬平. 沿海发达地区农业现代化进程与实现途径研究 [D]. 杭州：浙江大学，2003.

[22] 张冬平，黄祖辉. 农业现代化进程与农业科技关系透视 [J]. 中国农村经济，2002（11）：48–53.

[23] 邓启明，黄祖辉，胡剑锋. 以色列农业现代化的历程、成效及启示 [J]. 社会科学战线，2009（7）：74–78.

[24] 景刚，乔瑞中. 黑龙江省现代农业和农业服务业融合发展研究 [J]. 商业经济，2018（4）：10–12.

[25] 李凤梅. 国外农业现代化发展经验及对中国的启示 [J]. 世界农业，2011（9）：57–60.

[26] 王合翠. 美国农业现代化道路及对中国的启示 [J]. 科教导刊（电子版），2014（18）：107–108.

[27] 邱凤林. 世界农业现代化对中国特色农业现代化道路的启示 [J]. 理论与当代，2009（7）：31–33.

[28] 张占耕. 新时代中国特色农业现代化道路 [J]. 区域经济评论，2018（2）：102–111.

[29] 包宗顺. 国外农业现代化借鉴研究 [J]. 世界经济与政治论坛，2008（5）：112–117.

[30] 朱颂华. 农业现代化理论与实践 [M]. 上海：上海财经大学出版社，1998.

[31] 宋志勋. 关于我国农业现代化理论和实践的思考 [J]. 农业经济，2002（6）：11–12.

[32] 叶前林，何伦志. 美国推进农业现代化发展的做法及启示 [J]. 经济纵横，2014（4）：105–108.

[33] 张士云，江激宇，栾敬东，等. 美国和日本农业规模化经营进程分析及启示 [J]. 农业经济问题，2014（1）：101–109，112.

[34] 孙鸿志. 美国农业现代化进程中的政策分析 [J]. 山东社会科学，2008（2）：72–75.

[35] 西爱琴，吕品，凌海波，等.美国农业政策与管理机构的演变及启示[J].世界农业，2010（10）：29-34.

[36] 韩清瑞.美国农业推广体系特点及思考[J].中国农技推广，2014（4）：8-10.

[37] 江峡.美国大学的全球领先地位及其面临的危机与挑战[J].江汉论坛，2013（8）：138-144.

[38] 朱立志，连畅，方兴.美国的农业产业化经验与借鉴[J].世界农业，2018（6）：189-192.

[39] 刘濛，张蕊.美国有机农业的发展概况[J].世界农业，2013（3）：96-98.

[40] 王丽萍.对美国《联邦农业改良及改革法案》的纵向考察与现实思考[J].华中农业大学学报（社会科学版），1999（3）：21-24.

[41] 何传新.国外发展现代农业的做法及启示[J].中国农村科技，2010（12）：58-61.

[42] 方志权.提高上海农业组织化程度的模式比较与选择[J].上海农村经济，2004（1）：13-15.

[43] 周莹.中国农业产业化财政支出的公平性研究：来自安徽农业综合开发产业化经营的经验数据[D].合肥：合肥工业大学，2013.

[44] 李家洋.农业生物技术支撑现代农业发展[J].中国农业科技导报，2014（1）：3.

[45] 陆印.农业动物生物技术研究现状与发展趋势[J].吉林农业，2015（18）：91.

[46] 章冠博.美国农业现代化的历程及对我国的启示[J].湖北函授大学学报，2015（3）：68-69.

[47] 黄庆华，姜松，吴卫红，等.发达国家农业现代化模式选择对重庆的启示：来自美日法三国的经验比较[J].农业经济问题，2013（4）：102-109.

[48] 吴玲.发达国家农村土地流转制度对我国的启示[J].理论参考，2013（6）：57-60.

[49] 杨爽.发达国家农业社会化服务模式的经验借鉴[J].世界农业，2014（6）：155-157.

[50] 姜楠，韩一军，李雪.世界粮食产业发展及主产国政策借鉴[J].农业展望，2013（10）：45-50.

[51] 和俊梅.休闲农业与乡村旅游发展[J].云南农业，2013（3）：55-56.

[52] 刘宇航，张洪晨，王志丹，等.国外提升农业生产效率对中国的启示与借鉴：以美国、

日本、澳大利亚等国为例[J].世界农业，2015（2）：60-63.

[53] 冯万玉，安玉麟，刘建设，等.澳大利亚农业发展对我国农业的启示[J].北方农业学报，2005（4）：1-4.

[54] 胡伟.澳大利亚农业促进政策与措施研究[J].世界农业，2006（11）：47-50.

[55] 赵谦.发展现代化大农业的国际经验与借鉴[J].中国财政，2014（16）：62-65.

[56] 邵永发，熊桉，夏娟.农业新常态下科技创新与推广的新模式探究[J].湖北经济学院学报，2016，14（6）：28-35.

[57] 王志，董雅慧.美国农业发展的经验对我国农业的启示[J].东南亚纵横，2010（11）：108-111.

[58] 王树勤，李长璐，宗宇翔，等.发达国家农业社会化服务体系模式比较与经验借鉴[J].农村财政与财务，2013（10）：46-48.

[59] 毛世平，龚雅婷，刘福江.英国农业补贴政策及对我国的启示[J].农业现代化研究，2017，38（1）：31-37.

[60] 黄少安，谢冬水."圈地运动"的历史进步性及其经济学解释[J].当代财经，2010（12）：11-18.

[61] 李中华，曹春燕，辛德树.国际农业合作社的发展、经验及对我国的启示[J].青岛农业大学学报（社会科学版），2008（1）：46-51.

[62] 刘倩.20世纪30年代的英国农业改革与国家干预[J].世界农业，2018（8）：80-84.

[63] 刘倩.第二次世界大战时期英国的农业政策研究[J].世界农业，2017（6）：99-103.

[64] 马宪辉.英国农业概况[EB/OL].（2016-12-29）[2018-12-20].https://max.book118.com/html/2016/1227/77476965.shtm.

[65] 林海丽.英国农业休闲旅游发展的经验与启示[J].世界农业，2016（4）：130-134.

[66] 张辉，崔泽民，宋玮，等.英国现代农业发展的启示与建议[J].中国农业资源与区划，2016，37（4）：62-68.

[67] 英国现代农业发展的六大经验启示[EB/OL].（2017-03-23）[2018-12-20].http://www.cuncunle.com/forum-10101-article-1751490688160148-1.html.

[68] 郭永田.英国农业、农村的信息化建设[J].世界农业，2013（2）：105-109.

[69] 史若萌.启示与借鉴：农村职业技术教育发展之国际比较[J].赤峰学院学报（自然科学

版），2009，25（12）：203-204.

[70] 汤霓.英、美、德三国职业教育师资培养的比较研究[D].上海：华东师范大学，2016.

[71] 丁国杰，朱允荣.欧盟三国农民教育培训的经验及其借鉴[J].世界农业，2004（8）：51-53.

[72] 蔡巧燕.基于英国现代学徒制的新型职业农民培育模式的构建与实践[J].山西农经，2016（17）：10-11.

[73] 百度文库.法国经济发展史对我国现代化启示[EB/OL].（2014-11-13）[2018-12-20].https：//wenku.baidu.com/view/558de9794431b90d6d85c705.html.

[74] 刘养洁，王志刚.法国农业现代化对我国农业发展的启示[J].调研世界，2006（7）：39-41.

[75] 杨澜，付少平，蒋舟文.法国小农经济改造对中国的启示[J].世界农业，2008（10）：49-51.

[76] 卫荣，宋莉莉，王秀东.法国粮食安全政策对中国的启示[J].世界农业，2015（5）：86-89.

[77] 季开胜.法国中小企业国际化促进政策及对我国的启示[J].法国研究，2014（4）：21-26.

[78] 王岩琴，牟淑慧.法国促进中小企业发展的主要做法和经验[J].中国中小企业，2014（3）：68-69.

[79] 马洁.法国农业旅游的发展经验与启示[J].世界农业，2016（4）：144-147.

[80] 法国"理性农业"带来的启示与借鉴[J].农业工程技术，2016，36（11）：78.

[81] 法国"理性农业"带来的启示[J].新农业，2015（20）：59-60.

[82] 凌薇.法国生态农业的发展启示[J].农经，2018（6）：84-87.

[83] 辛霁虹，王大庆.农业科技发展比较分析[J].农场经济管理，2018（8）：11-16.

[84] 刘金东.法国农业合作社探析[J].企业导报，2015（20）：12-13.

[85] 鹿安.法国农业合作社解决小农生产与大市场矛盾[J].当代农机，2018（3）：57.

[86] 金国煜.法国中等农业职业教育发展的特点及对我国的启示[J].黑龙江畜牧兽医，2018（8）：218-221.

[87] 李环环，牛晓静.法国农民职业培训体系对我国的启示[J].中国成人教育，2017（1）：154-157.

[88] 张卫娣.日本农业现代化的发展经验与借鉴[J].世界农业,2014(4):66-69.

[89] 邢红央.日本、美国的农业现代化发展及其对中国的启示[J].世界农业,2012(7):32-35.

[90] 邓秀新.现代农业与农业发展[J].华中农业大学学报(社会科学版),2014(1):1-4.

[91] 高峰,赵密霞.美国、日本、法国农业社会化服务体系的比较[J].世界农业,2014(4):35-39.

[92] 施标.韩国农业现代化发展的经验与启示[J].上海农业学报,2013(6):142-145.

[93] 张静.国外农业合作社的金融支持模式及启示[J].世界农业,2014(2):17-21.

[94] 曹占伟.国外发达国家农业现代化发展模式析论[J].经济研究导刊,2013(29):32-33.

[95] 王国华.TPP影响下的日本农业政策走向分析[J].江西农业学报,2013(3):142-145.

[96] 赵媛媛,孙元进,陈大鹏.抚松县农业产业化发展经验和做法[J].吉林农业,2013(5):1.

[97] 殷雪梅.日本六次产业化对农村的影响:以长野县红酒产业的六次化为中心[D].北京:北京外国语大学,2017.

[98] 黄锦龙.日本治理大气污染的主要做法及其启示[J].全球科技经济瞭望,2013(9):65-69,76.

[99] 曹磊,杨丽丽.农机合作社是农业生产现代化的发展方向[J].农业开发与装备,2016(5):7.

[100] 何圣利.农业机械化发展过程中的问题及对策研究[J].科技致富向导,2013(17):142.

[101] 韩冬梅.中国农业农村环境保护政策分析[J].经济研究参考,2013(43):11-18.

[102] 强百发.韩国农业现代化进程研究[D].咸阳:西北农林科技大学,2010.

[103] 程志强.从韩国新村运动看我市新农村建设[J].杭州通讯,2007(3):40-41.

[104] 朱世桂,王亚鹏.立足国情,特色发展:韩国农业科技体制解析及启示[J].江苏农业科学,2008(6):6-9.

[105] 许宝芳.韩国农业现代化的进程:政府的措施及今后发展方向[J].辽宁经济,1998(9):46-47.

[106] 许宝芳. 韩国农业现代化的进程及发展方向 [J]. 侨园, 1998（3）: 46-48.

[107] 黄辉祥, 万军. 乡村建设: 中国问题与韩国经验: 基于韩国新村运动的反思性研究 [J]. 社会主义研究, 2010（6）: 86-90.

[108] 马骏. 我国当前农村村庄重构过程中利益分割与延续问题研究 [D]. 北京: 中央民族大学, 2012.

[109] 魏灵. 对韩国新村运动实践的评价分析（上）[J]. 福建农业, 2006（4）: 4-5.

[110] 郭庆方, 滕华勇. 韩国新农村运动的合作经济机制分析及其启示 [J]. 中国合作经济, 2005（2）: 53-54.

[111] 金英姬. 韩国的新村运动 [J]. 当代亚太, 2006（6）: 13-22.

[112] 王曼乐, 胡胜德, 金钟燮. 韩国归农归村实践及对中国的启示 [J]. 世界农业, 2017（10）: 55-57.

[113] 金光春. 韩国"归农·归村"事业对中国"谁来种田的启示"[J]. 世界农业, 2014（10）: 171-176.

[114] 赵文静. 韩国现代农业建设的经验与启示 [J]. 经济导刊, 2010（12）: 7.

[115] 徐志全. 韩国是如何"解决"三农问题的 [J]. 河北学刊, 2003（4）: 48-50.

[116] 张学军, 尹义蕾. 节水灌溉仍需追赶, 乡村振兴值得借鉴: 以色列设施农业考察参观后记 [J]. 农业工程技术, 2018, 38（16）: 74-79.

[117] 王恒. 以色列农业发展成就对我国农业发展的启示 [J]. 中国市场, 2018（5）: 91-92.

[118] 章波. 中国和以色列的水技术合作 [J]. 中东问题研究, 2017（1）: 148-159, 265.

[119] 纪江明. 现代化农业发展的以色列经验 [N]. 社会科学报, 2017-04-20（2）.

[120] 南雄雄, 李惠军, 王芳, 等. 以色列沙漠农业对我国西部旱区发展节水农业的启示 [J]. 宁夏农林科技, 2016, 57（10）: 58-60.

[121] 刘北辰. 沙漠中的绿色: 令人瞩目的以色列高科技农业 [J]. 北京农业, 2007（10）: 49-50.

[122] 由娜. 以色列发展现代农业问题研究 [D]. 哈尔滨: 哈尔滨工业大学, 2013.

[123] 盛立强. 以色列现代农业发展中的政府支持 [J]. 合作经济与科技, 2014（12）: 6-7.

[124] 杨乙丹, 王兵. 以色列"无缝隙"农业科技推广体系建设的成功经验 [J]. 世界农业,

2013（3）：102-106.

[125] 李晓俐，陈阳. 以色列创新资源节约型现代农业模式对中国农业的启示[J]. 经济研究导刊，2015（19）：33-34.

[126] 安康. 以色列资源节约型农业模式对中国农业发展的启示[J]. 中国农业信息，2013（19）：36-38.

[127] 张雅燕，胡明文，胡凯. 以色列农业合作社：莫沙夫对完善我国农村社区合作经济组织的启示[J]. 农业经济，2005（2）：62-64.

[128] 盛立强. 以色列农业科技开发与应用推广服务体系研究[J]. 合作经济与科技，2016（15）：5-7.

[129] 陈三林. 荷兰农业产业化的发展回顾与未来展望[J]. 世界农业，2017（7）：151-155.

[130] 崔林. 荷兰如何创造出农业的奇迹[J]. 北京农业，2013（10）：38-39.

[131] 王守聪，邢晓光，陈永民，等. 荷兰职业教育和农业教育的特点及启示[J]. 世界农业，2014（1）：142-147.

[132] 逄树春. 法国、荷兰的农业现代化、产业化经营和农业合作制情况[J]. 上海农村经济，2001（2）：43-46.

[133] 肖卫东，杜志雄. 家庭农场发展的荷兰样本：经营特征与制度实践[J]. 中国农村经济，2015（2）：83-96.

[134] 汤进华，李映辉，李红霞，等. 荷兰城镇化进程中农业结构调整的实践及其对上海的启示[J]. 中国农学通报，2014，30（17）：56-61.

[135] 范丽萍，章颖. 荷兰农业巨灾风险管理政策分析[J]. 世界农业，2014（5）：36-38.

[136] 赵霞，姜利娜. 荷兰发展现代化农业对促进中国农村一二三产业融合的启示[J]. 世界农业，2016（11）：21-24.

[137] 曹金臣. 荷兰现代农业产业化经营及对中国的启示[J]. 世界农业，2013（5）：115-117，142，156.

[138] 陈春良. 荷兰、日本、以色列设施农业发展经验与政策启示[J]. 政策瞭望，2016（9）：47-50.

[139] 倪景涛，李建军. 荷兰现代农业发展的成功经验及其对我国的启示[J]. 学术论坛，

2005（10）：80-83.

[140] 顾卫兵，蒋丽丽，袁春新，等.日本、荷兰农业科技创新体系典型经验对南通市的启示[J].江苏农业科学，2017，45（18）：307-313.

[141] 刘尧飞.现代农业科技服务体系建设的国际经验与启示[J].武汉纺织大学学报，2014，27（4）：47-50.

[142] 付晓亮.荷兰"链战略行动计划"的基本特征、可取经验及对中国农业产业化的启示[J].世界农业，2017（11）：213-217.

[143] 吕小明，罗凯世，赵威，等.中美种业兼并重组对比分析[J].中国种业，2018（10）.

[144] 傅向东，刘倩，李振声，等.小麦基因组研究现状与展望[J].中国科学院院刊，2018，33（9）：909-914.

[145] 卢俊南，褚鑫，潘燕平，等.基因编辑技术：进展与挑战[J].中国科学院院刊，2018，33（11）：1184-1192.

[146] 邓岩.国际化是中国种业发展的必由之路[J].中国种业，2017（1）：18-21.

[147] 习近平.决胜全面建成小康社会夺取新时代中国特色社会主义伟大胜利：在中国共产党第十九次全国代表大会上的报告[EB/OL].（2017-10-27）[2018-12-20].http://www.xinhuanet.com/2017-10/27/c_1121867529.htm.

[148] 魏传峰.加大科技投入提高食品创新能力[J].中国食品，2017（13）：1.

[149] 戴小枫，张德权，武桐，等.中国食品工业发展回顾与展望[J].农学学报，2018，8（1）：133-142.

[150] 思雨.依靠科技进步实现食品产业创新发展[J].中国食品，2017（4）：76-79.

[151] 博鸿.中国食品行业发展分析及趋势预测[J].中国食品，2011（1）：11-13.

[152] 工业和信息化部消费品工业司.食品工业发展报告（2016年度）[M].北京：中国轻工业出版社，2016.

[153] 魏珣，朱华平，孙康泰，等.科技创新驱动我国食品产业发展对策研究[J].中国农业科技导报，2013（1）：91-95.

[154] 朱冰清，王建毅，彭蕊.新食品经济的发展趋势及其对食品产业的影响[J].衡水学院学报，2018（3）.

[155] 陈海燕. 我国肉制品加工业结构演化与政策选择 [J]. 中国畜牧杂志, 2018, 54 (3): 114-119.

[156] 孙东跃. 中国传统肉制品现代化工业加工研究进展 [J]. 中国食品添加剂, 2012 (5): 203-206.

[157] 孙吉和, 刘伟. 以供给侧改革优化畜牧产业结构 [J]. 中国畜牧业, 2016 (19): 78-79.

[158] 梁忠. 我国肉类加工业面临的问题与发展建议 [J]. 中国禽业导刊, 2017 (11): 34-35.

[159] 张荣彬. 我国乳制品产业概况及质量安全控制 [J]. 中国乳品工业, 2017, 45 (2): 26-28.

[160] 韩长赋. 我国奶业发展情况介绍 [J]. 中国畜牧业, 2015 (20): 21-22.

[161] 陆悦. 中国乳业: 领跑食品工业 [J]. 食品界, 2018 (3): 60-63.

[162] 刘吉昌, 柴春雨. 提升中国乳业国际竞争力问题研究 [J]. 世界农业, 2006 (6): 23-26.

[163] 王东杰, 董晓霞, 张玉梅, 等. "十二五"期间中国奶制品市场分析及未来10年展望 [J]. 中国畜牧杂志, 2016, 52 (14): 29-34.

[164] 杨莉. "一带一路"倡议下中国乳制品贸易发展分析 [J]. 中国畜牧杂志, 2018, 54 (3): 119-125.

[165] 胡智政. 我国水产品加工业的现状及发展方向 [J]. 江西水产科技, 2003 (1): 13-15.

[166] 魏龙霆, 张世龙. 我国增值型水产品加工业发展对策研究 [J]. 农村经济与科技, 2016, 27 (5): 66-67, 59.

[167] 王瑞元. 中国食用植物油加工业的现状与发展趋势 [J]. 粮油食品科技, 2017, 25 (3): 4-9.

[168] 王瑞元. 我国粮油加工业的发展趋势 [J]. 粮食与食品工业, 2015, 22 (1): 1-4.

[169] 张树辉. 发展粮油加工业促进粮油产业转型升级 [J]. 中外企业家, 2013 (14): 31-32.

[170] 许伟华. 粮油加工业发展中存在的问题及对策 [J]. 农村科学实验, 2017 (11): 126.

[171] 刘景圣, 刘美宏, 谢佳函, 等. 方便即食食品研究现状与发展趋势 [J]. 吉林农业大学学报, 2018, 40 (4): 511-516.

[172] 于志杰. 食品添加剂的使用对食品安全的影响及应对措施 [J]. 现代食品, 2016, 11 (21): 31-33.

[173] 张辉，贾敬敦，王文月，等. 国内食品添加剂研究进展及发展趋势[J]. 食品与生物技术学报，2016，35（5）：225-233.

[174] 吴明兰. 大力发展大健康产业时不我待[J]. 中国人大，2016（19）：48.

[175] 范月蕾，毛开云，陈大明，等. 我国大健康产业的发展现状及推进建议[J]. 竞争情报，2017，13（3）：4-12.

[176] 张慧媛，王国扣，郭雪霞，等. 中国食品加工装备制造产业发展的研究[J]. 世界农业，2015（12）：229-231.

[177] 刘瑜，王国扣，郭雪霞，等. 中国农产品加工装备制造业发展状况分析[J]. 世界农业，2016（3）：164-166.

[178] 贾敬敦，蒋丹平，陈昆松. 食品产业科技创新发展战略[M]. 北京：化学工业出版社，2012.

[179] 孙传范. 高新技术在食品加工中的应用[J]. 食品研究与开发，2010，31（8）：203-207.

[180] 何国庆，刘同杰，杨浣漪，等. 现代生物技术在食品领域的应用[J]. 生物产业技术，2015（4）：5，7-10.

[181] 王硕，王俊平，张燕，等. 非热加工技术对食品中蛋白质结构和功能特性的影响[J]. 中国农业科技导报，2015，17（5）：114-120.

[182] 董鹏，张良，陈芳，等. 食品超高压技术研究进展与应用现状[J]. 农产品加工，2013（6）：28-29.

[183] 侯志强，赵凤，饶雷，等. 高压二氧化碳技术的杀菌研究进展[J]. 中国农业科技导报，2015，17（5）：40-48.

[184] 王庆志，孙平. 微波技术在食品工业中的应用[J]. 河北农业科学，2008，12（12）：54-55，127.

[185] 刘凤霞，孙建霞，李静，等. 高压脉冲电场技术在食品加工中的应用研究新进展[J]. 食品与发酵工业，2010（4）：138-142.

[186] 付浩，周蓉，周全，等. 脉冲磁场杀菌技术研究进展[J]. 江西科学，2014，32（1）：86-91，117.

[187] 刘海洲,刘均洪,张媛媛,等.超声辅助萃取技术在食品工业的应用和研究进展[J].乳业科学与技术,2008,31(5):246-248.

[188] 滕超,查沛娜,范园园,等.超声波在酶解制备技术中的应用进展[J].江苏农业科学,2014,42(6):13-16.

[189] 崔鹏,王凤来,熊伟,等.超声场强化膜分离过程研究与应用进展[J].化工进展,2011,30(7):1391-1398.

[190] 朱廷风,廖传华,黄振仁.超临界CO_2萃取技术在食品工业中的应用与研究进展[J].粮油加工与食品机械,2004(1):68-70.

[191] 赵健,赵国华.亚临界水萃取技术及其在食品方面的应用[J].食品工业科技,2009(4):364-367,314.

[192] 游辉,孙爱东.高速逆流色谱在食品及天然产物中的应用[J].中国食物与营养,2008(12):34-36.

[193] 刘春喜,张娜.固体脂质纳米粒的研究及应用[J].食品与药品,2009,11(4):57-60.

[194] 周涛,徐书洁,杨继全.3D食品打印技术研究的最新进展[J].食品工业,2016(12):208-212.

[195] 窦瑞华.食品物流监控体系运作模式研究[J].计算机时代,2013(8):87-88.

[196] 陈颖,吴亚君,韩建勋,等.食品真实属性表征和品质识别新技术研究[J].科技资讯,2016(7):174-175.

[197] 刘兰图,邵秀芝,李爱珍,等.电子舌、电子鼻技术在食品加工中的应用研究[J].粮油加工,2009(6):138-140.

[198] 邹淑君,程炳麟.无损检测技术在食品品质检测中的应用[J].食品界,2016,5(12):81.

[199] 姚瑞玲.计算机视觉技术在食品工业中的应用研究进展[J].食品与发酵科技,2014,50(4):93-97.

[200] 王浪,林欣."一带一路"战略下我国食品工业发展的机遇与挑战[J].现代食品,2017,9(17):34-36.

[201] 中共中央办公厅,国务院办公厅.关于创新体制机制推进农业绿色发展的意见[EB/OL].

（2017–09–30）[2019–01–20]. http：//www.gov.cn/xinwen/2017–09–30/content_5228960.htm.

[202] 科技教育司. 农业农村部关于深入推进生态环境保护工作的意见[EB/OL].（2018–07–25）[2019–01–20]. http：//www.moa.gov.cn/gk/ghjh_1/201807/t20180725_6154722.htm.

[203] 生态农业：向污染宣战迎来绿色农业的春天[EB/OL].（2018–10–18）[2019–01–20]. http：//www.sohu.com/a/260310607_99965001.

[204] 曹林奎，高峰. 中国现代农业的基本特征[J]. 中国农学通报，2005，21（7）：115–118.

[205] 王军霞，李莉娜，陈敏敏，等. 中国重点污染源总磷、总氮排放状况研究[J]. 环境污染与防治，2015，37（10）：98–103.

[206] 农业部关于打好农业面源污染防治攻坚战的实施意见[EB/OL].（2015–04–13）[2019–01–20]. http：//jiuban.moa.gov.cn/zwllm/zwdt/201504/t20150413_4524372.htm.

[207] 2016年我国化肥用量接近零增长：绿色发展稳健起步[J]. 福建稻麦科技，2017，35（1）：63.

[208] 郑向群. "化学肥料和农药减施增效综合技术研发"试点专项《化肥农药减施增效的环境效应评价》项目正式启动[J]. 农业环境科学学报，2016，35（11）：2036.

[209] 金书秦，张惠，吴娜伟. 2016年化肥、农药零增长行动实施结果评估[J]. 环境保护，2018（1）：45–49.

[210] 吴向辉，何难. 农业部首次公布化肥、农药利用率数据[J]. 农化市场十日讯，2016（3）：7.

[211] 详解循环农业4种模式[EB/OL].（2017–03–04）[2019–01–20]. https：//www.sohu.com/a/127901441_204078.

[212] 张颖. 发展农业循环经济对我国农产品贸易的影响[J]. 湖南农机，2010，37（5）：60–61，63.

[213] 农业部：推进现代生态循环农业加快发展方式转变[EB/OL].（2017–03–04）[2019–01–20]. http：//www.gov.cn/xinwen/2015–01–07/content_2801609.htm.

[214] 杨国钰. 有关城镇生活污水再生利用于农田灌溉的探讨[J]. 治淮，2006（3）：11–12.

[215] 邵云凯. 浅谈如何发展节水农业 [J]. 科技资讯, 2008（17）: 126.

[216] 刘彤, 闫天池. 我国的主要气象灾害及其经济损失 [J]. 自然灾害学报, 2011, 20（2）: 90-95.

[217] 国务院办公厅关于印发国家综合防灾减灾规划（2016—2020 年）的通知 [EB/OL]. （2017-01-31）[2019-01-20]. http://www.gov.cn/zhengce/content/2017-01/13/content_5159459.htm.

[218] 吴霜. 农村生活污水处理现状与对策研究 [J]. 现代经济信息, 2017（15）: 332-333.

[219] 李聪聪. 我国农业面源污染治理技术研究进展 [J]. 农业与技术, 2016, 36（12）: 175.

[220] 白由路. 高效施肥技术研究的现状与展望 [J]. 中国农业科学, 2018, 51（11）: 2116-2125.

[221] 高效低风险理念引领农药新发展 [J]. 蔬菜, 2017（2）: 61.

[222] 赵丹, 王颖, 冯岩, 等. 调整肥料结构, 新型肥料强势上位 [J]. 营销界: 农资与市场, 2017（12）: 75-77.

[223] 梁华东, 何迅, 巩细民, 等. 我国新型肥料的现状及发展 [J]. 化肥工业, 2015（5）: 1-3.

[224] 王飞, 石祖梁, 李想, 等. 区域秸秆全量处理利用的概念、思路与模式探讨 [J]. 中国农业资源与区划, 2016, 37（5）: 8-12.

[225] 畜禽粪污资源化利用行动方案（2017—2020 年）[EB/OL]. （2017-07-07）[2019-01-20]. http://www.moa.gov.cn/govpublic/XMYS/201707/t20170710_5742847.htm.

[226] 王旭, 孙兆军, 杨军, 等. 几种节水灌溉新技术应用现状与研究进展 [J]. 节水灌溉, 2016（10）: 109-112.

[227] 程录平, 王立刚, 王迎春, 等. 西北旱区雨养农业可持续发展研究 [C]// 2015 年中国农业资源与区划学会学术年会论文集, 2015.

[228] 康绍忠, 杜太生, 孙景生, 等. 基于生命需水信息的作物高效节水调控理论与技术 [J]. 水利学报, 2007, 38（6）: 661-667.

[229] 上官周平, 邵明安. 改善旱区作物水分利用的生理调控机制 [J]. 水利学报, 1999, 30（10）: 33-37.

[230] 关于印发《农业生产防灾减灾稳产增产补助资金实施指导意见》的通知 [EB/OL]. （2012-04-06）[2019-01-20]. http://www.mof.gov.cn/zhengwuxinxi/zhengcefabu/201204/

t20120410_641750.htm.

[231] 王春乙, 王石立, 霍治国, 等. 近10年来中国主要农业气象灾害监测预警与评估技术研究进展[J]. 气象学报, 2005, 63（5）: 659-671.

[232] 公婷. 绿色农房建造标准评价研究[D]. 哈尔滨: 东北林业大学, 2014.

[233] "农业面源和重金属污染农田综合防治与修复技术研发"重点专项2018年度项目申报指南[EB/OL].（2017-10-11）[2019-01-20]. http://www.gdstc.gov.cn/HTML/zwgk/tzgg/1508912450628-5583643451391912561.html?from=singlemessage.

[234] 陈德敏, 王文献. 循环农业: 中国未来农业的发展模式[J]. 经济师, 2002（11）: 8-9.